A PORTA MÁGICA

ROY CICALA

EM DEPOIMENTO A **CLAUDIO TOGNOLLI**

A PORTA MÁGICA

AS MEMÓRIAS DO LENDÁRIO PRODUTOR QUE AJUDOU A CRIAR
O SOM DE ARTISTAS COMO **JOHN LENNON** E **JIMI HENDRIX**

Benvirá

Copyright © Roy Joel Cicala, 2011
Copyright © Claudio Julio Tognolli, 2011

Copidesque: Alyne Azuma
Preparação: Thais Rimkus
Revisão: Maurício Katayama
Diagramação e projeto gráfico: Simone Fernandes
Capa: Caio Cardoso
Imagem de capa: Estúdio Record Plant, © arquivo pessoal de Roy Cicala
Impressão e acabamento: Edições Loyola

Dados Internacionais de Catalogação na Publicação (CIP)
Angélica Ilacqua CRB-8/7057

Cicala, Roy Joel, 1939-2014
 A porta mágica: as memórias do lendário produtor que ajudou a criar o som de artistas como John Lennon e Jimi Hendrix / Roy Cicala em depoimento a Claudio Tognolli. – São Paulo: Benvirá, 2018.

ISBN 978-85-5717-228-9

1. Cicala, Roy Joel, 1939-2014 – biografia 2. Engenheiros de som – Biografia 3. Estúdios de som 4. Record Plant – História I. Título II. Tognolli, Claudio

18-0323	CDD-927.8164
	CDU-929:78.07

Índices para catálogo sistemático:
1. Engenheiros de som - Biografia

1ª edição, 2018

Nenhuma parte desta publicação poderá ser reproduzida por qualquer meio ou forma sem a prévia autorização da Saraiva Educação. A violação dos direitos autorais é crime estabelecido na lei nº 9.610/98 e punido pelo artigo 184 do Código Penal.

Todos os direitos reservados à Benvirá, um selo da Saraiva Educação, parte do grupo Somos Educação.
Av. das Nações Unidas, 7221, 1º Andar, Setor B
Pinheiros – São Paulo – SP – CEP: 05425-902

SAC | 0800-0117875
De 2ª a 6ª, das 8h às 18h
www.editorasaraiva.com.br/contato

EDITAR 623597   CL 670543   CAE 626774

Este livro é dedicado a
Apollo 9, Hanna Cicala e o mestre
Marcus Rampazzo, *in memoriam*.

SUMÁRIO

Prefácio 9

Introdução 11

PARTE 1 – AS MEMÓRIAS DE ROY

1. Habilitando sonhos de estrelas.................................17

2. O som e a fúria me vêm 27

3. Gravando Jimi Hendrix..37

4. John Lennon entra em minha vida.............................41

5. O lado pouco conhecido de John e Yoko 69

6. Dentro do Record Plant 77

7. Uma lembrança sobre os Rolling Stones 79

8. Elis Regina e Wayne Shorter: o disco que não houve............81

9. João Roberto Marinho quis um Record Plant.................87

10. Meu casamento com uma das panteras 89

PARTE 2 – DEPOIMENTOS

11. Claudio Celso viu tudo 95

12. David Thoener, ex-assistente de Roy.......................107

13. O maestro Jaques Morelenbaum.............................111

14. As histórias de John Hanti....................................115

15. Gray Russell e o som de Miles Davis........................127

16. Iovine, Ezrin e Gruen: três estrelas criadas por Roy 131

Fim 143

PREFÁCIO

Roy sempre foi um herói para mim. Afinal, ele conheceu e ficou amigo de todo mundo de quem eu já quis ser próximo: Solomon, Aretha, Elvis, Elton, Snoop, John, Yoko, Alice. Não é preciso mencionar sobrenomes aqui. Eu poderia, ainda, acrescentar Miles, Frank, Patti, Jimi e tantas outras figuras importantes da música dos anos 1960 e 1970. E, também, eu! Ha, ha, ha. Sim, por incrível que pareça, nos tornamos sócios, melhores amigos e confidentes, aqui mesmo em São Paulo.

E é por isso que este livro precisa existir: porque é tudo tão incrível! E faz tanto sentido! O garoto de classe média, filho de imigrantes, que começou com um estúdio caseiro e hoje é apontado como principal influência por gente muito importante na indústria musical, como Jimmy Iovine (descobridor do Snoop Dogg e do NWA, além de produtor do U2) e Bob Ezrin (que produziu *The Wall*, do Pink Floyd; *Destroyer*, do Kiss; e *Berlin*, do Lou Reed). Estes dois últimos álbuns, inclusive, foram gravados no Record Plant, estúdio que Roy ajudou a fundar nos Estados Unidos e do qual se tornou dono em 1972. Foi simplesmente o maior estúdio do mundo nos anos 1970 e que nos deu o som de "Imagine", "School's Out" e tantas outras músicas.

Conversando com ele, era fácil perceber como Phil Spector, Blondie, Kiss e Bruce Springsteen coexistiram sob o teto do Record Plant, sob sua influência. Nas páginas a seguir, você vai entender por quê...

– Apollo 9, produtor musical

INTRODUÇÃO

Quando eu tinha 15 anos, comecei a ter aulas de guitarra com Marcus Ricardo Rampazzo. Corria 1979. Fundador do Beatles 4Ever, maior banda cover naqueles tempos, Rampazzo colecionava guitarras raras. Mas seu maior tesouro não consistia num instrumento, e sim num punhado de adjetivos que, em gravação, George Harrison lhe despejou, salientando nele precisão e maestria únicas.

Além do *bluesman* André Christovam, Marcus teve outro aluno que fez fama: Apollo 9, tido e havido como o maior produtor musical do Brasil. Conheci Apollo (que começou a carreira musical como tecladista do Planet Hemp) por meio do Paulo Ricardo, que, na primeira semana de janeiro de 2004, me pediu guitarras emprestadas para gravar o álbum *Zum Zum*. No estúdio, Apollo e eu nos tornamos melhores amigos, de pronto.

Cerca de dois anos depois desse encontro, Roy Cicala veio morar no Brasil. Ele procurava algum lugar para trabalhar, e lhe indicaram o estúdio do Apollo. Pouco tempo depois, os dois já eram sócios. E eu, por tabela, acabei me tornando amigo dele também. Roy, Apollo e eu passamos a almoçar juntos quase toda semana, por anos a fio. Roy e Apollo se encantavam com minhas conversas sobre Timothy Leary (para quem Lennon compôs "Come Together") ter sido meu orientador de mestrado. "Eu era amigo do Lennon, e você foi amigo de Leary, e Lennon e Leary eram melhores amigos! Tem magia no nosso encontro", Roy me disse uma vez, enquanto devorava um prato de sushi com ovo *poché*.

Roy tinha tanta coisa para contar sobre tanto artista famoso que muita gente até o procurava para pegar informações e abastecer a Wikipedia. Certa vez, em uma conversa, eu e Apollo o convencemos a relatar sua história de vida. Tarefa árdua. Engenheiro genial, Roy não era afeito a detalhes quando se tratava de pessoas. Parecia ter terceirizado suas memórias aos amigos – passou-me o contato de uns 30 deles, que incluíam nomes como o fotógrafo Bob Gruen e dois dos maiores produtores do mundo hoje: Bob Ezrin, que diz ter se tornado produtor profissional após trabalhar com Roy, e Jimmy Iovine, que foi seu estagiário.

Eu só consegui efetivamente fazer gravações de suas memórias ao longo de 2012, dois anos antes de seu falecimento. O resultado é este *A porta mágica*, que reúne seus depoimentos e também testemunhos de Yoko Ono, Jimmy Iovine, Jaques Morelenbaum e muitos outros que trabalharam com Roy no lendário Record Plant ou o conheceram mais intimamente. A obra aborda todos os principais momentos de sua vida e de sua carreira, e revela ao grande público a genialidade de um dos maiores engenheiros de som de todos os tempos.

Vale lembrar que, considerando que Roy nunca foi um intenso observador de pessoas, nem nunca decorou muito datas ou nomes, algumas de suas lembranças às vezes se confundem. Tentamos checar ao máximo todas as informações que ele forneceu – em alguns capítulos, interrompo a narrativa com quadros explicativos –, mas pedimos desculpas caso tenhamos incorrido em algum erro factual. Caso note algum problema desse tipo, ficamos à disposição para corrigi-lo numa próxima impressão da obra.

Ter nivelado meu destino ao de Roy Cicala foi uma dádiva dos tempos. E, para lembrar esses tantos e tamanhos anos e almoços, nada melhor que os versos de Neil Peart, da banda Rush, na faixa "Lakeside Park": "Embora sejam apenas memórias, algumas memórias duram para sempre".

– Claudio Tognolli

PARTE 1

AS MEMÓRIAS DE ROY

1.
Habilitando sonhos de estrelas

Desde que Jimi Hendrix bateu na porta do Record Plant Studios, em Nova York, em 1968, como se batesse na verdadeira *"heaven's door"*, aqueles 1.144 metros quadrados de estúdio se converteram no anel de Shazam da música universal – do pop, do jazz, do blues, do diabo, enfim. Aquele lugar virou a meca das maiores gravações do planeta. Os 300 discos mais famosos dos últimos 50 anos foram gravados ali. E o mago por trás de tudo, dizem, se chamava Roy Cicala – vulgo eu.

Sempre tive um humor corrosivo, daqueles típicos de quem perde o amigo, mas não perde a piada. Quando quero falar a respeito de alguma megaestrela da música – ou seja, sempre –, começo com desculpas sardônicas. *"Sorry*, Yoko. *Sorry*, Jimi. *Sorry*, Lennon. *Sorry*, Sinatra..." Feito o pedido de desculpas, começo a contar detalhes sobre como e em que condições, seja de humor, psicológicas, de trabalho (ou químicas), nivelei meu destino com o do astro em questão. Assim, como pretendo expor alguns deles nesta obra, reitero minhas sinceras desculpas por ferir, eventualmente, suscetibilidades alheias... *Sorry!*

> O Record Plant foi, na verdade, uma série de três estúdios de gravação, fundados por Gary Kellgren e Chris Stone em março de 1968. Kellgren era um engenheiro de gravação supertalentoso que tinha trabalhado em vários estúdios de Nova York antes de fundar o Record Plant. Gravou artistas como Frank Zappa e Jimi Hendrix. Fez o nome de muita gente. E Stone era um empresário do mundo da música e um gênio dos negócios.
>
> Roy se tornou dono do lugar em 1972. Quando ele se mudou para o Brasil, em 2005, fundou em São Paulo, junto com o produtor brasileiro Apollo 9, o Record Plant South, que depois se tornaria o S. A. Plant Studio. Nessa mudança, ele trouxe dos Estados Unidos todo o material pessoal dele, com o qual gravou mais de 300 discos clássicos do rock, jazz, pop etc. – incluindo os aparelhos que remodelaram a voz de John Lennon em todos os seus álbuns solo.
>
> Além de ter servido de estúdio de gravação para inúmeros grandes artistas, o Record Plant de Nova York foi o primeiro estúdio a dar ao artista um ambiente confortável e descontraído, em vez de um local mais asséptico, cheio de funcionários uniformizados, o que era norma até os anos 1960. Estúdios pareciam hospitais. Engenheiros de Abbey Road, na época dos Beatles, usavam aventais brancos, como parteiros! – Claudio Tognolli

Jimi Hendrix bateu na porta de madeira do Record Plant em 1968 para finalizar a gravação de seu *Electric Ladyland*. Eu era engenheiro-chefe do lugar, e foi aí que o conheci. Depois, gente que vai de John Lennon e Tom Jobim a AC/DC, passando por Rolling Stones, Bruce Springsteen, Madonna, Alice Cooper e Aerosmith, repetiu o ritual, mas com uma pitada artística: eu exigia que eles entalhassem na porta do estúdio seus sobrenomes sonoros, suas grifes glamorosas, de preferência um autógrafo em letra floreada. Afinal, aquela "porta mágica" não era apenas uma porta, era um portal. Ainda guardo todas as histórias, as técnicas, a alquimia dos maiores nomes da música que ajudei a lançar. Ou a projetar.

Sempre cuidei de meus clientes como se fossem meus filhos. Em 1972, emprestei dinheiro para que Lennon e Yoko sobrevivessem nos Estados Unidos. Os dois tinham acabado de chegar ao país e não tinham dinheiro nem para comprar algo para beber, sobretudo por causa de sua briga armagedônica com os Beatles pelo selo Apple. Além disso, estavam sendo investigados de perto pelo FBI, durante o governo do presidente Richard Nixon, que queria deportá-los por conta do uso e da apologia às drogas – e pela campanha deles contra Nixon. Os milhares de dólares que emprestei ao casal foram devolvidos anos depois, num cheque do Banco de Tóquio assinado por John – junto com uma carta repleta de elogios e gratidão.

Isso me lembra de outro episódio, também protagonizado por mim: não relutei em tirar de meu próprio bolso, anos depois, a soma de 28 mil dólares para um novato. Deixei que ele gravasse seu primeiro disco, de graça, no Record Plant. Chamava-se Bruce…

Eu recuperaria o dinheiro pouco mais de dois meses depois, quando a então todo-poderosa Columbia Records decidiu investir tudo o que podia naquele estreante de voz tresnoitada apadrinhado por mim e que atendia pelo nome de Bruce Springsteen. Ele logo ganharia o apelido de "The Boss". O primeiro *hit* de Bruce Springsteen, "Born to Run", na verdade tinha sido finalizado por um garoto de 20 anos: Jimmy Iovine. "Grave aí o novato em quem estou apostando meu dinheiro. E me mostre tudo depois. Estou masterizando Lennon no outro estúdio", disparei ao estagiário. E hoje Iovine é o maior produtor dos Estados Unidos, segundo a revista *Rolling Stone*. Dono da Interscope Records, ele fatura algo em torno de 30 milhões de dólares por ano. E foi um dos tantos que, por minhas mãos, também tocou a porta mágica inaugurada por Hendrix no fim dos anos 1960.

Emprestei dinheiro a Lennon e a Springsteen porque, além de eu ter de sobra na época, sempre acreditei cegamente em discos. E faria qualquer coisa para vê-los tocar nas rádios...

O sonho de meus pais era que eu fosse organista. Filho de italianos da Sicília, meu pai, Anthony Michael Cicala, casou-se bem jovem com minha mãe, Molie, cujos pais eram do norte da Itália. Estabelecidos em New Haven, Connecticut, os dois dividiam as tarefas assim: ela cuidava da casa e de mim enquanto ele trabalhava 20 horas por dia consertando órgãos de igrejas. Sinto orgulho de meu pai ter construído um dos maiores órgãos do mundo hoje (eu o vi em Washington D.C. uns 15 anos atrás). O tubo da nota mais grave do órgão, o dó profundo, comporta dois homens adultos de 1,80 metro e 90 quilos jogando pôquer – segundo o que meu próprio pai dizia.

Como você sabe, não me tornei organicista, mas continuei ligado ao mundo da música: virei o maior engenheiro de som do mundo. Só que não tive nenhum mestre: sempre atuei na base de tentativa e erro e na leitura de vulgatas de acústica, por horas e noites a fio, sob a supervisão de luminárias de estudo.

Eu ganharia o mundo com meu jeito autodidata. Primeiro, enquanto ajudava meu pai a instalar os órgãos que construía, aprendi tudo sobre ambientes e climas sonoros. Então, casei-me com a cantora Lori Burton no começo dos anos 1960 e montei meu próprio estúdio caseiro. Era uma maneira de tê-la a meu lado... Foi assim que comecei a fazer minhas bruxarias sonoras. Eu já estava devidamente paramentado em 1963, quando iniciei formalmente minha carreira: fui trabalhar como assistente de manutenção de Tom Hidley no estúdio A&R, do louvado produtor Phil Ramone, na época o maior produtor dos Estados Unidos. Com olhos e ouvidos atentos e mãos trêmulas de emoção, vi Phil Ramone gravar "Garota de Ipanema" com Stan Getz e Astrud Gilberto. (Foi a partir da observação atenta dessa canção, por exemplo, que aprendi a fazer efeitos de eco e de *phaser* com gravadores de fita, empregando meio segundo de defasagem de um rolo de gravação para outro.) Já em 1965, eu estava sentado ao lado de Tom Dowd para gravar a banda de soul-rock mais famosa do país na época, os Young Rascals. Também gravei o guitarrista Ted Nugent ali, com os Amboy Dukes.

Depois que o estúdio se mudou para o número 799 da 7th Avenue, em Nova York, eu passava praticamente as 24 horas do dia ali. Eu não era apenas um *workaholic*, era um "experimentaholic" – e, entre minhas diversas experiências, coloquei um microfone Shure embaixo d'água para a banda Four Seasons. Eu tentava de tudo; se não funcionasse, pelo menos me levava a outras possibilidades. Perdi esse microfone barato, mas o experimento me abriu caminho para gravar os Young Rascals usando uma bateria montada numa escada de madeira, técnica que Jimmy Page usaria para gravar as baterias de "Stairway to Heaven" seis anos depois.

Eu me despedi de Ramone em 1969 para tentar a vida como engenheiro de som no Record Plant. As raízes da criação do estúdio foram no mínimo curiosas: Chris Stone, representante de vendas da gigante de cosméticos Revlon, convencera os chefes, donos do negócio, a abrir um estúdio para *jingles*. Desenhado por Gary Kellgren, engenheiro de som, o estúdio deveria ser luxuoso, confortável e capaz de inspirar os clientes. Aquilo parecia um lar, nada a ver com os estúdios hermeticamente brancos que lembravam hospitais. Havia luzes fluorescentes, banheira de hidromassagem, madeira por todo lado. Desde a abertura, a espera para conseguir um horário no estúdio era de cerca de três meses. E, nesse clima, veio *Electric Ladyland*, de Jimi Hendrix, em 1968.

Quando me tornei dono do lugar, em 1972, o Record Plant tinha três endereços: Nova York, Los Angeles e Sausalito, na Califórnia. Nessa época, o estúdio faturava mil dólares por semana. Seis meses depois, o faturamento subiu para 20 mil dólares. E, um ano mais tarde, eu gerava 100 mil dólares por semana para o estúdio. Nos tempos áureos, o Record Plant chegou a lucrar 1 milhão de dólares por mês, e parte desse faturamento provinha de *jingles* para a Coca-Cola – e também para sua arqui-inimiga Pepsi, mas pouca gente sabe disso.

Durante minha vida como engenheiro de som, adotei o mantra "Não existem problemas, apenas soluções". Ao longo de 40 anos de trabalho, esse sempre foi meu conselho perene para todos os clientes, famosos ou não. Em seu último álbum, *Double Fantasy*, também masterizado por mim, John Lennon até colocou meu lema na música "Watching the Wheels": "Ah, people asking questions/ Lost in confusion/ Well, I tell them there's no problem/ Only solutions" [Ah, as pessoas fazendo perguntas/ Perdidas na confusão/ Bem, eu digo a elas que não existe problema/ Apenas soluções].

Assim, minha vida se converteu em encontrar soluções para os problemas de nove entre dez estrelas da música.

Algumas soluções dadas por mim consistiam justamente em arrancar o que cada um tinha de melhor. Como você vai ver, tais artimanhas, às vezes, não eram nada palatáveis aos tradicionalistas. Certa vez, os integrantes do Aerosmith tinham ultrapassado todos os limites, quimicamente falando, e, extenuados, tocavam além da marcação do compasso. Coube a mim mandar todos de volta ao hotel e recomendar ao agente deles que os enchesse de álcool – para atenuar os efeitos da cocaína. Eis que, às quatro da manhã do dia seguinte, telefonei para Steven Tyler. Eu disse: "*I feel like recording*" [Estou com vontade de gravar] e o convenci a arrancar a banda da cama para uma sessão extemporânea demais para os padrões de um roqueiro.

Eles chegaram ao Record Plant ainda embalados em sonhos. Malemolentes, com os olhos assustados, típicos de quem acabou de acordar, gravaram tudo dentro do compasso. "O velho bruxo Roy sabia que aquele expediente de enchê-los de álcool os colocaria no ritmo", disse um *roadie* extasiado com a técnica.

Deidades nos Estados Unidos, clientes como o Aerosmith obedeciam cegamente a tudo o que eu ordenava. Afinal, tinham feito uso do anel de Shazam ao tocar na "porta mágica". Curvar-se ante os desígnios de minha equipe era quase uma engenharia regressiva para resgatar os mágicos rituais já exercidos ali por outras divindades.

Quando virei dono do estúdio, um novo universo se abriu para mim... Todos sabiam que tinha sido ali que Jimi Hendrix gravara uma de suas obras-primas, *Electric Ladyland*, um LP duplo com os clássicos "Voodoo Chile" e "All Along the Watchtower", releitura da canção gravada por Bob Dylan. Sob o teto do mesmo estúdio, arranquei o melhor de gente como Frank Zappa, Elvis Presley, Elton John, Sting, Frank Sinatra, Dire Straits, David Bowie, Miles Davis, Chick Corea, Ray Charles, Queen, The Who, Lou Reed, Prince, Santana, Sarah Vaughan e Charles Mingus. Tudo tão diferente – e, ao mesmo tempo, tão semelhante – de meu primeiro trabalho como engenheiro de som: a gravação do grupo de soul branco Young Rascals.

Mas intuitivamente eu sempre soube, no fundo de minha alma, que, para tirar o melhor de alguém, muitas vezes é preciso deixar o jogo rolar, tudo de acordo com o código de comportamento de cada cliente. Por exemplo, em minha mansão em North Mountain, Virgínia, John Lennon e Yoko passaram alguns dias consumindo (e se consumindo) num quarto fechado no terceiro andar antes de começar a gravar.

Presenciei histórias inacreditáveis. Numa noite, eu estava no estúdio com uma constelação de artistas, gravando com o também produtor Phil Spector, guru dos Beatles, quando, de uma hora para outra, Spector se levantou, sacou uma arma e deu um tiro para o alto. Todo mundo ficou boquiaberto. Nisso, uma senhora que estava calada, sentada no fundo da sala, ficou de pé e, aplaudindo, abraçou o produtor-atirador. Era a mãe dele. Muitos anos depois, Spector acabou preso por assassinar a atriz Lana Clarkson, justamente com um tiro. Em 2012, surgiu a ideia de gravar um disco de Spector na prisão. Pensei em ligar e sugerir que seus colegas de cadeia fizessem coro no álbum. O disco não saiu do papel, mas, em meus planos, se chamaria *The Inmates* [Os detentos]. Amigos em comum me contaram que ele estava em uma prisão de segurança máxima que não permitiria a entrada nem de uma máquina sequer!

Phil era um gênio, porém totalmente insano. Enquanto gravávamos uma sessão de cordas a preço de ouro para John, ele ameaçava apertar o botão e parar a fita, então mudava de ideia e, com a outra mão, segurava o braço que estava mais perto do botão. Era como se tivesse dupla personalidade: uma gostava do que ouvia, enquanto a outra queria parar a gravação. E destruir tudo.

Convivendo entre os que surfavam limites, tudo podia acontecer na minha vida. Lembro que, em outra ocasião, durante as gravações de *Mind Games*, John Lennon quase me matou do coração. Ele levou as fitas com as gravações, recém-completadas, para a sala de edição. Quando entrei lá, me deparei com John com uma expressão triste e pedaços de fita enrolada por todo canto, formando uma pilha de um metro de altura, como se o equipamento tivesse estragado tudo. Fui para o elevador – acho que para contar até cem e me acalmar ou algo do tipo –, e John veio correndo atrás de mim. Era uma piada. Ele tinha picotado fitas em branco.

Também me lembro bem dos excessos de Jimi Hendrix, Keith Moon e do pessoal do Aerosmith – eles me obrigaram a montar uma bateria dentro de uma chaminé para obter mais eco no som, o que, claro, não deu certo. Presenciei brigas de socos e pontapés entre Lou Reed e a namorada, uma travesti chamada Rachel que aparecia no estúdio armada de faca e com a barba por fazer. Também comandei uma das sessões mais surreais da música pop, em março de 1974, quando Paul McCartney apareceu de surpresa no estúdio e acabou fazendo uma *jam session* com John Lennon, Stevie Wonder e Harry Nilsson. Foi a única vez que Lennon e McCartney tocaram juntos depois do fim dos Beatles.

A verdade é que eu conseguia me entender muito bem com os artistas com que convivia. John era dotado de uma inteligência sobrenatural. Com ele, até compus uma canção louquíssima chamada "Incantation". Compor com John foi uma coisa mágica. Todo mundo acha que a letra fala de consumo de cocaína, mas se refere ao cachimbo da paz indígena. A canção só saiu décadas depois, como faixa-bônus do disco que acompanha o livro *Beatles Undercover*, lançado em 1998. Além da faixa "Incantation" (tocada por Dog Soldier e Patrick Jude), o disco trazia ainda "Let's Spend the Night Together" (com vocais de Lori Burton e Patrick Jude, produção e arranjo de Lennon) e "Answer Me, My Love", cantada por Lori Burton, com produção minha e de Lennon.

Conto essas coisas e sou tomado por um pensamento: todos os dias de minha vida me lembro, com especial carinho (algo raro num engenheiro, dizem), de John Lennon, com quem gravei sete

Habilitando sonhos de estrelas 25

álbuns. Já contei: John estava cheio de problemas financeiros, brigando para não ser deportado pelo governo americano, e eu adiantei a grana para ele gravar *Walls and Bridges*. Eu teria feito o disco de graça se ele pedisse. Faria tudo o que Lennon pedisse. Ainda hoje.

Bem, como você vê, tenho muitas histórias. Essas foram doses pontuais, digamos, do que vou contar a seguir...

2.
O som e a fúria
me vêm

Antes de dizer onde quero chegar, gostaria de citar um trecho de uma matéria que o jornalista Roberto Muggiati escreveu para o jornal *Gazeta do Povo* em 15 de março de 2013.

> Uma segunda-feira como outra qualquer em Nova York, 18 de março de 1963. Nos estúdios da gravadora A&R, no número 112 Oeste da rua 48, seis músicos se encontraram para uma empreitada com pouquíssimas chances de êxito: quatro brasileiros, um norte-americano... e uma mulher. Desdobramento do concerto do Carnegie Hall, quatro meses antes, o projeto era um álbum reunindo Antônio Carlos Jobim (piano), Tião Neto (baixo), Milton Banana (bateria), João Gilberto (violão, voz) e o saxofonista Stan Getz, que havia se tornado o principal intérprete e propagandista da bossa nova nos Estados Unidos. Astrud Gilberto estava por ali – discreta num canto, como quem não queria nada – e

foi convidada "casualmente" para cantar no disco pelo marido. No livro *Chega de saudade*, Ruy Castro afirma que não houve casualidade nenhuma nessa história: ela e o marido vinham preparando meticulosamente aquela estreia havia muito tempo. Donald L. Maggin, na biografia *Stan Getz: A Life in Jazz* (1996), inédita no Brasil, oferece outra versão: "Um dia, enquanto ensaiavam, Stan pediu à mulher de Gilberto, Astrud – a única dos brasileiros que falava inglês –, para cantar as letras das canções em inglês. Stan foi imediatamente tocado pela sensualidade vulnerável da sua voz e pediu que cantasse no álbum. Astrud havia se apresentado com o marido em festinhas, mas nunca cantara profissionalmente; sua voz era um instrumento pequeno, comparado àquela de Maria Toledo, e tinha dificuldade de manter a afinação, mas seduzia o ouvinte com uma combinação intrigante de calor melancólico e contenção *cool*. Na lembrança de Stan, ele teve de vencer uma considerável resistência para que Astrud fosse incluída na gravação: 'Gilberto e Jobim não queriam Astrud no disco. Astrud não era uma cantora profissional, era uma dona de casa. Mas quando eu desejei traduções do que estava acontecendo, e ela cantou 'Ipanema' e 'Corcovado', achei as letras em inglês muito legais... e Astrud pareceu boa o suficiente para colocá-las no vinil'". Um minuto e 15 segundos de Astrud em "The Girl from Ipanema" bastariam para transformá-la na nova sensação vocal e num símbolo da nascente liberdade feminina tão bem expresso na letra da "Garota".

Seis meses depois de conseguir um emprego no A&R, em 1963, sabem quem encontrei? Sabem quem estava tocando violão na minha frente? Tom Jobim. Pois é, eu estava lá nesse dia!

A música que ele tocava era "Garota de Ipanema"; a letra, em inglês, falava: "Alta e bronzeada, jovem..."[1]. Foi uma das primeiras gravações em que trabalhei com Phil Ramone. Eu me lembro de estar louco de nervoso, todos aqueles músicos ótimos tocando, foi incrível. Estava morrendo de medo de alguma coisa dar errado e eles me culparem. Mas, como é de conhecimento geral, deu tudo certo. E ali começou minha amizade com Tom Jobim...

Depois disso, peguei realmente um caminho de volta a minha intuição, independentemente de equipamentos... Vejam só: hoje, um engenheiro famoso, cercado pelos melhores lançamentos de tecnologia do mundo, tem tudo para esquecer suas intuições e centelhas de ideias em estado bruto. A música cantada naqueles dias dos anos 1960 era muito limitada, não tínhamos o computador para apertar um botão e consertar, editar, cortar as coisas no estúdio. Era na mão, na faca, na fita. Aquilo, cara, era um pé no saco; se você cometesse algum erro, não podia resolver na hora; demorava 24 horas para consertar, pegar uma música, cortar, editar, colocar em outra fita.

Além de Tom, fiz muitas outras gravações e outros discos no A&R, mas não consigo me lembrar de todos. Teve Amboy Dukes, por exemplo, em uma sala muito grande, porque o Ted Nugent tinha a guitarra mais barulhenta de Nova York na época. Tocava mais alto que Jimi Hendrix! Lá havia três estúdios – A, B e C. Se você tocasse no A, que era um velho estúdio da CBS que o A&R comprou, os *licks* da guitarra vazavam para o estúdio B. Então não podiam gravar no estúdio B quando Ted fizesse o solo dele no A. Phil Ramone ficou muito puto comigo durante essa gravação. Eu inovava mais que ele, sem consultá-lo, mas, enfim, ele era o *"boss"*...

---

1. Tradução da versão em inglês de "Garota de Ipanema": "*Tall and tanned and young and lovely...*".

Para falar a verdade, ele não era só o "*boss*". Era um gênio. Quando criança, em seu país natal, África do Sul, Ramone era um prodígio musical. Ele começou a tocar violino aos 3 anos de idade! No fim da década de 1940, foi treinado como violinista clássico na Juilliard School, em Nova York. Ramone fundou o A&R Recording em 1959 e lá rapidamente ganhou reputação como engenheiro de som e produtor musical, em particular pelo uso de tecnologias inovadoras. De Ray Charles a Frank Sinatra, Burt Bacharach a B. B. King, todos passavam pelas mãos de Phil Ramone. Ele também produziu a gravação de "Happy Birthday to You" que Marylin Monroe fez para o presidente John Kennedy.

E eu ainda tive a chance de trabalhar com Sinatra naquele estúdio de Ramone. Ele ia gravar cheio de seguranças, todos armados. Eram armas ruins, mas poderiam matar. Eles não me pressionaram nem nada, mas eu ficava nervoso com aquilo. Todos andavam daquele jeito, com armas nos bolsos, fazendo questão de deixar os canos aparecendo sob a roupa... O A&R tinha um longo corredor, e Sinatra costumava andar por ele como um pássaro. Dois homens iam na frente dele e três atrás. Um dos guardas se chamava Bullets [Balas], o que era uma coisa doida para mim. Nós resolvemos esse clima na base da tolerância. Trabalhamos com Nancy e Sinatra lá, e todo mundo foi gravado naquele estúdio com Phil.

Lembro de algo que me impressionou a respeito de Sinatra. Quando ele foi gravar, ainda não havia escutado boa parte das músicas. Alguém as escolheu para o álbum e ponto final. Mesmo sem ter cantado a faixa antes, ele olhou para a partitura, estalou os dedos da mão direita, e os músicos começaram a tocar. Mas não ao vivo. Estamos em 1969. Sinatra vendia mal. Então, apelou a meu amigo Bob Gaudio, da banda Four Seasons, que aceitou produzir a gravação. Assim nasceu o álbum *Watertown*. Não vendeu quase nada: foi o único de seus trabalhos a não entrar nos cem mais da revista *Billboard*. Sinatra jamais cantaria sem orquestra ao vivo de novo.

Apesar disso, ele me impressionou como ninguém. Estava lendo as letras, lendo a música, e fazia tudo perfeito de primeira: ele era um músico de alma. Era um músico *fly by night* – que em português eu traduziria como paraquedista, alguém que acertava o ponto muito rápido!

Seu segurança Bullets sempre me abraçava forte e fazia sua arma prateada roçar sobre meu coração: esse era o mundo de Sinatra, cheio de simbolismos mafiosos.

No fim dos anos 1960, muita gente me dizia que era preciso sair do rock 'n' roll, que não ia durar. Mas era o que eu mais amava. Falavam que eu não teria emprego no ano seguinte, que eles também não teriam emprego, e então meus funcionários, aos poucos, caíram fora do rock 'n' roll. Só acreditavam no R&B e na música negra como futuro financeiro.

Por isso, eu trabalhava 24 horas por dia nessa época. Tinha que ser assim se eu quisesse gravar Burt Bacharach e depois Amboy Dukes, Rascals ou outros desses. Eu cresci no negócio porque amava o que fazia.

Todos, ou quase todos, costumavam beber muito nessa época. Nunca gostei de nenhum tipo de droga, nem da coisa branca, então eu só saía para beber. Eu provavelmente bebia meia garrafa de uísque num dia ou num dia e meio, e meus dias de trabalho tinham de 12 a 16 horas. Ia para casa, dormia umas cinco ou seis horas e voltava a trabalhar. Os caras costumavam fazer outras coisas, em vez de beber comigo; voltavam com narinas brancas, sabe? Isso acontecia bastante.

A vida era uma loucura, eu provavelmente entrava no estúdio 150 vezes num único mês, e eu tinha cinco estúdios. Era difícil para mim, porque me casei com o estúdio, não com minha esposa nem com meus filhos. Isso começou no A&R e continuou no Record Plant.

♫

Em 1975, comprei o estúdio da Warner Brothers, e queriam que eu tivesse investidores. Solução: comprei o passe dos investidores, porque todos queriam comissões altas. Fiquei bravo, xinguei todos. E paguei o que pediram para ter o estúdio só para mim. Eu era louco.

Os produtores queriam ganhar quase mil dólares por semana. Não estavam comprometidos, tinham que ficar até dez da noite, mas queriam ir para casa quando bem entendessem. Então, falei para caírem fora. E foi o que fizeram. Meu terreno estava implacavelmente limpo.

As primeiras pessoas que levei para gravar no Record Plant sob meu comando foram os caras do Four Seasons, aqueles de "Can't Take My Eyes Off You". Também levei o compositor Bob Crewe, Roberta Flack... Apareceram outros famosos da ocasião, como o guitarrista Leslie West – que era conhecido como Montanha, pois sua banda se chamava Mountain. Ele foi considerado o 66º melhor guitarrista de todos os tempos pela mídia americana. Era gordo e gigante. Costumava vomitar no estúdio, em toda parte do nosso tapete persa, por causa de injeções de heroína. "Meu Deus, eles vão me matar, não vão?", era o que eu pensava o tempo todo.

Acho que o Record Plant se tornou um grande estúdio para estrelas do rock porque eu era um total filho da puta: não deixava que um disco ficasse sem a música perfeita, nada poderia sair sem que eu escutasse nos mínimos detalhes. Mesmo que eu tivesse que trabalhar naquilo das oito da noite às oito da manhã.

Então havia o *standard*, que era o nome dado aos padrões de gravação já estabelecidos – algo como *templates*, máscaras pré-

-moldadas, digamos. Cada engenheiro do dia, em sistema de rodízio, era um pouco diferente, mas todos eram ótimos: se você não gostasse do produto final, voltávamos ao estúdio para remasterizar tudo, de graça, por amor ao trabalho. Detínhamos o segredo da diferença entre a gravação de uma música de rock e outro tipo de som; a chave de fazer rock nos anos 1970 era fazer o som mais alto que você pudesse no rádio. O rádio era nossa referência. O Record Plant soava como rock 'n' roll por todos os cantos, e todos queriam trabalhar lá.

Essas inovações partiram de mim. Os caras me davam um novo material para ouvir na minha aparelhagem. Eu tirava aquela parte, mudava trechos, mixava com o osciloscópio para que aquilo fizesse jus à sociedade de gênios que mudou a música. Tocar a música com aquilo mudou tudo. A música fica diferente num osciloscópio, que transformava na tela, em gráfico, a tensão das ondas sonoras, como algo seria reproduzido nas ondas de rádio.

Talvez meu primeiro relacionamento pessoal mais sério *(risos)* tenha sido com o microfone. Eram aqueles enormes microfones da RCA, que deviam pesar uns 20 quilos.

Eu estava fascinado por aquilo e, no começo dos anos 1960, fui construindo um estúdio em New Haven, Connecticut, na Lowland Road, número 89. Provavelmente foi o que me influenciou mais, além do fato de minha esposa na época, Lori Burton, ser compositora. Ela escreveu canções para discos dos Young Rascals e compôs *hits* para a Motown. Preciso repetir: minha esposa escrevia para a Motown. Veja o peso disso.

Como a maioria das pessoas sabe, a Motown Records foi fundada em 1959 na cidade de Detroit, conhecida como "Motors Town", devido às montadoras de carros ali instaladas. A Motown foi a mais importante gravadora a lançar artistas negros desde seu surgimento até a febre do hip-hop. A casa foi responsável pelo surgimento de ninguém menos que Jackson 5, Diana Ross, Stevie Wonder e Marvin Gaye.

Bom, nessa época nós gravávamos demos em New Haven, num estúdio caseiro. Tentávamos vender fitas demo para as pessoas sem precisar das gravadoras.

Lori compôs músicas para um álbum de Solomon Burke, artista negro de R&B, como Patti Labelle (naquele tempo era Patti Labelle and The Bluebells). E gravamos tudo em casa. Eu amava o jeito como os negros tocavam, pois nunca erravam a mão.

Bob Mercy, amigo meu que também compunha para cantoras como Pam Sawyer, era executivo e trabalhava na CBS Records, produzindo Andy Williams, Barbra Streisand. Ele era um arranjador incrível. Um dia pensei em falar com ele e procurar emprego em Nova York. Então, fui. Aconteceu de eu encontrar um colega chamado Don Frye, que tinha deixado a NBC para abrir com Phil Ramone um estúdio chamado A&R Recording.

Acabei conseguindo um emprego com outro colega do A&R: Tom Ridley, designer de estúdios que mais tarde construiria todos os estúdios do Record Plant, em três estados. Ele construiu também alguns estúdios em Nashville. Hoje, Ridley vive na Suíça, acho que está fazendo o projeto número 24, em Hong Kong, com seus 84 anos *(risos)*.

Não consegui ficar em Nova York na época, porque as coisas no sul eram bem mais lentas. Durante quatro anos, a partir de 1965, eu praticamente vivia no percurso de trem entre New Haven e Nova York. Gastava 4,42 dólares na viagem (que agora deve custar uns 42 dólares). Costumava pegar o trem às quatro, andava da estação Grand Central até a 6th Avenue com a 44th Street. Fazia o que tinha de fazer durante o dia, saía de lá por volta de seis ou sete da noite e pegava o trem de volta. Eu dormia umas seis horas por dia. E, no dia seguinte, começava tudo de novo.

Mantive essa rotina por um tempo. Estava pronto para enfartar, até que consegui um lugar menor para morar em Nova York: na 2nd Street, East Side. Jack Dempsey, o boxeador, morava lá. Então a vida ficou muito mais fácil, porque eu só precisava atravessar a cidade.

A Nova York do fim dos anos 1960 era um lugar perigoso, e era lá que o rock 'n' roll começava a acontecer. O clube Angano's tinha uma cena de rock muito forte, e havia vários outros que surgiam do nada.

Alguns músicos e engenheiros de jazz daquela época diziam que o rock não ia durar. Como você vê, eles estavam errados.

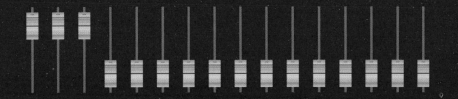

3.
Gravando Jimi Hendrix

Vou falar de Jimi Hendrix, artista que catapultei, tecnicamente, e que retribuiu o favor tornando nosso estúdio famoso em todo o mundo. Tenho memórias vívidas dele. Lembro que Jimi andava como se estivesse suspenso no ar por cabides imaginários e que seus pés faziam uma força sobre-humana para atingir o chão. Todos os ídolos com quem trabalhei eram muito educados, cavalheiros mesmo, a começar por Hendrix. Todo cavalheiro do rock, veja, andava com um litro de Jack Daniel's na mão naquela época. Era uma forma de esconder a sensibilidade, penso eu, uma autoafirmação pública, algo como "olha como sou macho".

O fato é que Jimi Hendrix ainda era não era uma lenda quando bateu na porta do Record Plant. "Voodoo Chile", canção escrita por ele para o álbum *Electric Ladyland*, foi gravada no estúdio A, o maior do Record Plant, e contou com músicos adicionais num processo ensandecido que Hendrix batizava de "*jam* de estúdio". "Voodoo Chile" evoluiu de "Catfish Blues", canção que Hendrix tocava, mal, no início de 1968, e tinha sido criada em homenagem a Muddy Waters.

A música de Hendrix parecia ter sido feita sob encomenda para alcançar o topo das paradas de singles do Reino Unido. "Voodoo Chile" se tornou a base para "Voodoo Child (Slight Return)", do mesmo disco. Nas articulações vocais da letra, Hendrix, sempre chapado, encostava os lábios nos microfones e vomitava: "*Well, the night I was born. Lord I swear the moon turned a fire red...*".

Durante as sessões de gravação de *Electric Ladyland* no Record Plant, Hendrix mergulhou fundo nos excessos de Nova York. Depois de uma noitada nas casas noturnas próximas ao estúdio, ele apareceu com um grupo de uns 20 caras, gente como Steve Winwood, Jack Casady e Larry Coryell. Hendrix começou a gravar "Voodoo Chile" com Mitch Mitchell (bateria), Steve Winwood (órgão) e Casady (baixo). Coryell foi convidado a tocar, mas se recusou, por sentir que a música não precisava dele. Parasitas sociais também faziam parte do *entourage*.

Steve Winwood recorda: "Não havia partitura nem nada. Hendrix só jogava o que lhe vinha à mente. Tudo foi trabalho de um *take*, uma gravação só, com ele cantando e tocando ao mesmo tempo".

Quem via Hendrix no estúdio achava que ele tocava de improviso. Ledo engano: ele levava tudo profundamente preconcebido na cabeça, desenhado, e parecia que a necessidade de tantas pessoas ali era o prenúncio de que, sem elas, a força da natureza dormente em Hendrix não ressuscitaria. As gravações de "Voodoo Chile" começaram por volta de sete e meia da manhã, e três tomadas de teste foram feitas logo de início. Hendrix queria criar a atmosfera de um clube informal, uma *jam* – nesse sentido, a efervescência social lhe dava energia. E, para lastreá-la, ele escolheu não os amplificadores Marshall, com os quais tocava ao vivo, como faria em Woodstock, mas amplificadores de baixo Fender Bassman.

O ano de 1968 foi prolífico para Hendrix no Record Plant. No feriado de 1º de maio daquele ano, ele gravou "Gypsy Eyes" e resolveu parar tudo para modificar "Tax Free". Queria o som de um órgão Hammond na guitarra. Tive de mandar buscar a caixa Leslie de um amigo, de alto-falantes rotatórios, para dar aos timbres um clima de "umidade l isérgica", como eu dizia na época. Eu me lembro bem do dia 3 de maio: o assessor de imprensa de Hendrix, Michael Goldstein, tinha feito o possível para que a rede de TV ABC entrasse no Record Plant e filmasse tudo o que fosse possível naquele dia, e tudo em 16 milímetros. A esse material, a ABC juntou outros *takes*, como o do show de 10 de maio, no Filmore East, e o do show de 18 de maio, no Miami Pop Festival. Tudo isso foi roubado dos arquivos da ABC uma semana após a morte de Hendrix.

O dia 5 de maio marcou uma série de loucuras em volume máximo: Hendrix botou seus solos em "Little Miss Strange". Eddie Kramer e eu tratamos dos *overdubs*, as sobregravações de guitarras, em "Gypsy Eyes", em 17 de junho. No dia 29 de julho, Gary Kellgren e eu começamos a trabalhar na mixagem de "Long Hot Summer Night" a partir das nove da manhã, uma raridade em termos de Hendrix. No mesmo dia, a banda The Jimi Hendrix Experience recebeu o disco de ouro da Recording Industry Association of America pela venda de 500 mil cópias de *Are You Experienced?* Em 27 de agosto, completou-se o álbum *Electric Ladyland*. Pedi que os engenheiros Eddie Kramer e Gary Kellgren fizessem pressão física sobre os carretéis dos aparelhos de *flanger*, para que houvesse uma defasagem na onda sonora, e a guitarra de Hendrix soasse como se derretesse num pote de mel lisérgico.

Guardo algumas memórias especiais desses dias de gravação. Hendrix, contrariando tudo o que se sabia sobre ele, pedia para que todos afinassem os instrumentos meio tom abaixo, que era como ele gostava de percutir sua Fender. Hendrix gravava no estúdio A, e escolheu o Record Plant porque éramos os únicos que tinham uma mesa de mixagem Datamix, feita especialmente para nós. No entanto, no meio de 1969, tivemos um grande problema. Usávamos o estúdio B para gravar *jingles*. A guitarra de Hendrix era tão alta que pensamos numa solução única: recuamos uma das paredes que separavam o estúdio A do B e ganhamos cerca de dois metros de espaço. Esses dois metros foram preenchidos com camadas alternadas de concreto e ar, para evitar que o som dos amplificadores Marshall de cem watts de Hendrix vazassem para o estúdio ao lado.

Naqueles dias, se bem me recordo, Hendrix usava muita roupa branca. Bebia continuamente e fumava maconha o dia inteiro. Deixávamos rolar, tínhamos de passar toneladas de aromatizador ali todo fim ou começo de dia. Eu achava o máximo. Você precisa lembrar que naquela época os branquelos filhinhos de papai é que tinham as melhores guitarras e instrumentos. Era difícil para um negro, recém-saído do cargo de paraquedista do Exército, vindo de Seattle, ter uma guitarra boa. Eu achava o máximo ver um negro tocar melhor do que qualquer branquelo do mundo. Hendrix tinha tanta consciência de tudo que, sem que falássemos nada, já sabia em que trecho da música deveríamos dobrar o som para encobrir seus erros. Sempre achei que até nos erros ele acertava muito.

O mesmo modelo se repetiu 1969 adentro. A mídia babava: em 25 de março, Jimi fez uma *jam* no Record Plant com John McLaughlin. Em 7 de maio, com Johnny Winter, o guitarrista albino. As sessões de Jimi no Record Plant se prolongaram quase mensalmente, até 19 de janeiro de 1970. Infelizmente ele morreria no fim daquele ano.

4.
John Lennon entra em minha vida

Como conheci John Lennon? Acho que todos querem saber, certo? Em meados de 1969, fui para a Inglaterra trabalhar com Frankie Valli, cujo nome real é Francis Stephen Castelluccio. O Four Seasons era um dos mais destacados grupos musicais da década de 1960, com sucessos como "Can't Take My Eyes Off You".

O estúdio escolhido por Frankie Valli era o predileto dos Bee Gees: o IBC Recording Studios, na Portland Place, número 35, em Londres, que seria mais tarde comprado por meu amigo Bryan James "Chas" Chandler, baixista do Animals, do Hendrix, do Slade.

E quem chegou ali, num dia gélido, depois do almoço, foi John Lennon. Foi assim que o conheci. Disse a ele que, se um dia fosse a Nova York, deveria dar uma passada no Record Plant, que eu lhe mostraria tudo. Foi uma cantada de vendedor. Algumas pessoas têm coisas que não temos, nós temos coisas que as outras não têm, mas fazemos um bom trabalho: o meu sempre foi tratar todos da mesma forma, sem levar em conta se eram estrelas ou não.

Bem, quando Lennon foi a Nova York e visitou o estúdio, ele amou o lugar. O astral foi totalmente rock 'n' roll. Tínhamos muitos cantores negros, cantores com que trabalhávamos, e John amou aquilo. Esse foi o começo, simples assim. Alguns meses depois, eu estava de volta à Inglaterra, no início de 1971. Encontrei Lennon para uns tragos. Ali já aprendi que ele só era bom até o primeiro copo, como você verá (infelizmente) adiante. O John Lennon genial, também aprendi naqueles dias, era a versão sóbria...

Sempre tentei agir com naturalidade quando músicos famosos apareciam na gravadora, mas, quando Lennon surgiu pela primeira vez lá, fiquei nervoso. Sempre olhei para as pessoas como se fossem o que eu queria que fossem, todas pareciam iguais. Tenho essa coisa de não ficar nervoso com ninguém. Eu como comida, ele come comida, faz a mesma coisa que eu faço. Talvez John, que queria ser tratado com naturalidade, gostasse disto em mim: eu não o tratava como se fosse uma divindade.

Por que Lennon ficou tão meu amigo? Por que Yoko Ono passou a me admirar? Era eu que tornava os sonhos deles realidade: eles concebiam um som em suas mentes brilhantes, e eu o materializava; eles eram o espírito, eu era a matéria. Com essa sinergia, criamos mil liberdades comportamentais ao longo dos anos. Essas liberdades se expressariam anos depois em situações bárbaras, loucas.

Uma delas envolve Phil Spector, de quem já falei. O *physique du rôle* de Spector é o de um maluco: ele foi preso por matar a atriz Lana Clarkson em 2003; ele a tinha conhecido horas antes na discoteca em que ela trabalhava. O ex-motorista de Spector revelou ao júri que, na noite da morte de Lana, encontrou o patrão com uma pistola e a mão ensanguentada, dizendo: "Acho que matei alguém". Phil Spector foi sentenciado em maio de 2009 a uma pena de 19 anos.

Mas tenho uma coisa para contar sobre Phil Spector durante a fase de produção de *Imagine*. Estávamos gravando o disco em Nova York na época, e a sessão era das dez em ponto até a uma da tarde, três horas de sessão, porque havia um sindicato forte na época. E, para não pagar adicionais noturnos, inventei que, se o funcionário chegasse depois da uma da tarde, sua escala seria triplicada ou duplicada. Tive de impor limites de horário.

Estávamos gravando a última faixa antes de eles irem para casa. Eis que Phil Spector simplesmente interrompe a música, desperdiçando um tempo precioso de gravação. Ele era louco de rasgar dólares. E rasgava. Aliás, ele tentou fazer isso umas quatro vezes, mas sabia que não tínhamos dinheiro – como gostaríamos de ter – para bancar esse tipo de loucura esbanjadora.

Você está feliz? Porque, "se quer ser feliz pelo resto da vida, não se case com uma mulher bonita"... Esse era o refrão de uma música de Jimmy Soul chamada "If You Wanna Be Happy", primeiro lugar nas paradas de 1963. Para mim *(risos)*, foi essa música que tornou Yoko boa para Lennon. Não era bonita, mas era uma mulher mais calma, tranquila...

Yoko não interferiu em *Imagine*. Ainda assim, quero falar dela e da música "Fly", gravada na mesma época. Ela usava uns rotores chamados DC. Cada rotor girando tinha um objetivo. Se você ajustasse para mais rápido, o rotor giraria mais rápido e criaria uma nova timbragem. Então, enquanto gravávamos o experimento, ela tinha oito canais daquilo. Voltei a tocar tudo e não conseguia ouvir a diferença de nenhum daqueles motivos rearranjados... Mas ela, sim!

Um dos canais não estava gravando entre aqueles oito. Ela percebeu. Não sei como, mas ela sabia o que estava fazendo, e eu não conseguia ouvir a diferença.

Aquilo me deixou maravilhado. Foi quando realmente comecei a acreditar nela. Yoko Ono conseguia ouvir aquele canal que estava fora, que nem eu nem ninguém mais distinguíamos, nem mesmo John. Como pode? Yoko devia estar fazendo algo que só ela entendia... Ela acreditava nas próprias loucuras. E dava certo! Então, naquele momento, comecei a acreditar nela como produtora de sua música. Só não gostava de Yoko cantando.

Voltando ao *Imagine*, fiz todas as faixas do álbum. Trabalhei em toda música que Lennon fez depois desse período. Em agosto de 1971, George Harrison fez *The Concert for Bangladesh*, dedicado às vítimas da guerra e da fome. Foram dois shows no Madison Square Garden, em Nova York, um à tarde e um à noite, que reuniram 40 mil pessoas. Estavam lá Bob Dylan, Ringo Starr, Leon Russell, Billy Preston, Eric Clapton, Ravi Shankar, Klaus Voormann e Badfinger. Lennon me disse para preparar seu som, pois também queria tocar lá. Eis que George Harrison foi taxativo e sem sua ironia de sempre: Yoko não poderia cantar. Lennon concordou. Comecei, então, a lhe dar ideias de equalização. Mas, dois dias antes do show, Lennon discutiu com Yoko, que não queria que o marido cantasse sem ela. Nem chegamos a avançar nas tecnicidades: Lennon se escafedeu e sumiu... Acabou não participando do show no fim das contas. Era uma primeira amostra das faíscas com Yoko.

Ainda assim, fiz todo o som de *The Concert for Bangladesh*. Tínhamos construído um caminhão que custara 8 milhões de dólares e que servia para esses shows ao vivo, como central técnica única. O caminhão durou oito anos e me rendeu bastante dinheiro.

Lennon era maravilhoso no começo, a personalidade dele era ótima. Tive apenas uma leve sensação do que seria seu futuro quando ele sumiu do nada dois dias antes do show... Mas confesso: com o tempo, nós nos apaixonamos, sabe, criamos uma bela amizade. Porque tudo o que ele quisesse tentar, eu tentaria. Seu comportamento não era lá muito funcional. Veja um exemplo: ele não se lembrava de em que ano estávamos. Lennon não se importava com o ano em que vivia? Pois é! Era assim mesmo, acredite!

No começo, porém, ele foi ótimo. Depois, começamos a nos conhecer melhor, e todas as coisas aconteceram – por exemplo, a bebida. Rolava muita droga, era inacreditável. Eu estava bebendo muito naqueles tempos, em especial uísque.

Lembro que, num intervalo de gravações, Lennon destruiu a casa de um cara, o Lou Adler, produtor do The Mamas and the Papas. Lennon estava numa fase *cold turkey*, sofrendo com a abstinência de heroína. Adler tinha uma casa em Bel Air, uma área de Beverly Hills, com muitas antiguidades. John destruiu tudo. Tivemos até que amarrá-lo, porque ele precisava tomar medicamentos prescritos... Como é o nome do que se toma para se livrar das drogas? Pois é, metadona. Ele tomava aquilo. De uma hora para outra, Lennon começou a ficar puto na casa, então tivemos que contê-lo fisicamente. Assim ele não causaria mais estrago.

May Pang foi lá e resolveu tudo para nós, depois de Lennon amarrado... Ah, e para chegar aos bastidores do disco *Rock 'n' Roll*, preciso explicar antes como ela surgiu diante de meus olhos.

> May Pang viveu com Lennon entre 1973 e o comecinho de 1975, num período em que ele estava separado da Yoko. Nos últimos anos, May tem combatido a ideia de que John estava deprimido, isolado e fora de controle durante os 18 meses em que viveu com ele. Mas histórias sobre Lennon bêbado sendo expulso do Troubador, casa noturna de Los Angeles, parecem comprovar essa imagem.
>
> Para May, o "fim de semana perdido" (nome que Lennon deu a essa fase em que ficou separado de Yoko) foi

> uma época extremamente produtiva, durante a qual ele terminou três álbuns – *Mind Games*, *Walls & Bridges* e *Rock 'n' Roll* –, produziu discos de Ringo Starr e Harry Nilsson e gravou com David Bowie, Elton John e Mick Jagger.
>
> May Pang viu e não viu coisas: em 28 de março de 1974, houve uma *jam session* em Los Angeles que incluiu Lennon, Nilsson, McCartney e Stevie Wonder, por exemplo, e que não foi documentada por ninguém. Mas Pang capturou um momento importante: Lennon assinando o acordo que dissolvia a parceria dos Beatles, em 29 de dezembro de 1974. Depois de quatro anos de negociações, os Beatles concordaram – ou pareceram concordar – com os termos que regiam sua separação formal, e um encontro foi marcado para dezembro no Plaza Hotel, em Manhattan. – C. T.

Voltando ao que eu dizia: Lennon quebrou tudo na casa do cara de Beverly Hills, e foi May Pang quem consertou a situação. Substituímos todas as antiguidades, não sei como ela fez aquilo, mas fez.

Lennon estava amarrado na cadeira quando saímos. Ele espumava pela boca, podia ser por causa do uísque, seja lá o que ele estava tomando. Acho que foram as pílulas que causaram aquilo tudo. Nós mantivemos aquilo longe da imprensa para preservar o *green card* dele. Caso contrário, John nunca teria o *green card*, é basicamente essa a história. Se vazasse, Lennon seria expulso dos Estados Unidos.

Eu era louco, faria qualquer coisa por John. E ele aprovava essas inovações, era fissurado por tentativa e erro, amava o tipo experimental de música que tentávamos agregar à arte dele.

Uma vez John queria fazer um som que fosse borbulhante e me perguntou como poderíamos fazer aquilo soar de maneira "borbulhantemente psicodélica" (nas palavras dele). Porra, era óbvio: bastava colocar um microfone debaixo d'água. Se funcionasse, ótimo; se não funcionasse, acontece. Más notícias: não funcionou!

Acho que o comportamento pessoal dele o ajudava a ter muita liberdade. Outra coisa que John amava – e que nenhum engenheiro faria por ele, mas eu fiz – era... Adivinhem? Ele usava fones de ouvido como microfones. Ou seja, cantava no fone de ouvido. Batizei isso de Atlantic Sounds, algo que levava seis meses para equalizar na época. Hoje é fácil. O som fica metálico, a voz, rasgada – e eu inventei isso para inovar a voz de Lennon, para desconectá-la do DNA timbrístico que as cordas vocais dele emprestaram ao som dos Beatles.

Passei a usar aqueles ecos leves na voz de Lennon, os *delays*, como ele tinha feito de leve nos "*shoot (me)*" que abrem a faixa "Come Together", composta quando ele ainda estava nos Beatles para ajudar a campanha de seu amigo Timothy Leary ao governo da Califórnia, no fim dos anos 1960.

Lennon quis ir além: então, inventei para ele um aparelho chamado sibilador, que salientava os sons de "s" no fim das palavras, em geral os plurais. Hoje o sibilador está em todos os estúdios do mundo... Mas eu o inventei para Lennon.

John Lennon era exigente com seus novos caminhos e cobrava de mim, tecnicamente, um diferencial estético. "Não dá para fazer muito diferente, porque fizemos de tudo lá com eles, os Beatles", reclamava Lennon. Ele era um ótimo crítico. Meu papel foi lhe mostrar que podíamos ir além...

Nesse momento de tecnicidades, todos me perguntam se conheci o quinto beatle. Lennon o amava. Mas, não, nunca conheci George Martin. Acho que o único que tinha alguma rixa com Lennon era Paul, não sei se por causa do John mesmo ou se por causa de Yoko. É difícil saber, porque Yoko de fato causou um rompimento entre eles. John era controlado por Yoko, ele era louco por ela. Acho que era a forma dele de amar...

Acho que a influência dela foi tecnicamente ruim para os Beatles. Mas, em termos da carreira solo de Lennon, ela foi uma boa influência. Se ele continuasse com os Beatles, ela teria sido ruim, porque não era benquista entre os integrantes. Lennon me dizia que Ringo era o único que não se importava com ela.

Yoko queria holofotes para si, e isso atormentava os Beatles.

Como começavam as coisas? Lennon me dizia que queria fazer um álbum novo. Eu virava e disparava: "Certo, que músicas temos?". Ele ria e respondia: "Nenhuma!!!". Lennon só tinha ideias. Ele só tinha pensamentos que saíam no microfone. Por isso era um gênio. Tudo fluía na hora, sempre na frente do microfone.

Os músicos ficavam esperando. Lennon chegava na última hora cantando no microfone, com os fones de ouvido. Eu forçava aquele estado de espírito o máximo que podia. E, às vezes, eu gravava 24 horas de fitas de uma única canção!

Eu empurrava os botões, ligava tudo, e o resto vinha da mágica de Lennon. Ele amava quando eu colocava *delay* nos fones dele, pois soava como se fosse a voz de outra pessoa.

Às vezes, tínhamos momentos engraçados com Yoko, que era muito espirituosa. Mas John era bem sério em relação à música. Se estivesse tentando colocar a melodia no microfone, criando no momento, ele exigia silêncio. E, com os músicos em volta (todos estavam sendo muito bem pagos), se alguém começasse a falar, mesmo um baterista da casa como Jim Keltner ou Klaus Voormann, se alguém falasse, e o som vazasse para os fones de Lennon, ele ficava puto! E falava: "Escutem, estamos tentando produzir um disco aqui!!!". Em sua construção de vocais, se ele começasse a cantar e algum dos músicos tocasse ao mesmo tempo, ainda que Lennon estivesse errado, ele ia para cima do músico.

Tem outra particularidade genial: Lennon não ligava muito para a afinação da guitarra. Se eu reclamava de falta de afinação, ele me pedia para mixar mais alto a parte do erro e dizia: "Ninguém é perfeito, foda-se a audiência!".

Lembro-me de nós no Record Plant em janeiro de 1975. Yoko estava fora do estúdio, cantando pequenos vocábulos sem sentido. Eis que ela entra no estúdio, nervosa, gritando para todos caírem fora. Dennis Ferrante, seu assistente, tentava acalmá-la. Yoko entoava uma onomatopeia parecida com "ia, ia, ia, ia"...

Então, chega Lennon. Ele pega a mão de Dennis e se ajoelha. E desenha no ar algo como a extensão dos seios de Yoko, bem debaixo deles. John faz uma expressão irônica e continua desenhando no ar a extensão imaginária dos seios de Yoko, como se estivessem "muito caídos" e se arrastando no chão. Ele passa a desenhar no ar movimentos de serrote e dispara a Ferrante: "Você não acha que deveríamos consertá-los?". Eu não sabia se podia rir, então não ri.

Eles eram muito abertos. Mas foi nesse dia da cena dos seios que provavelmente me tornei a única pessoa a saber que Yoko estava grávida. Ela veio, me contou, me disse para não contar a ninguém, senão me matava. Óbvio: por causa da imprensa, os dois queriam manter aquilo em segredo.

Naquele começo de 1975, eu tinha, gravando comigo, gente como Kiss e Aerosmith. Mas ninguém sabia que Lennon e Yoko estavam ali, gravando em segredo e com uma gravidez que ninguém podia saber que existia.

O estúdio era no número 44 da West 21st Street. Costumávamos ir a um lugar chamado Smith's Bar, que servia a pior comida

John Lennon entra em minha vida   **49**

da cidade. O colesterol disparava, e era possível alguém morrer de infarto no mesmo instante. Ninguém sabia, mas eu costumava levar John lá – ele amava essas coisas, como ser levado a um restaurante em que ninguém o reconheceria. Por quê? Uma vez que ninguém nos reconhecia, comíamos lixo à vontade e arrotávamos alto.

♫

Rock 'n' Roll foi lançado em fevereiro de 1975 e trazia as canções que Lennon mais amou nos anos 1950 e 1960. Phil Spector fez sessões para Lennon em 1973 nos estúdios A&M, e Lennon gravou comigo sessões no Record Plant East em outubro de 1974. Após o lançamento, o disco levou John Lennon ao sexto lugar nas paradas de sucesso, tanto nos Estados Unidos quanto no Reino Unido, além de colocar o single "Stand by Me" no Top 20 da gravadora Stateside.

O ano anterior, 1974, não tinha sido muito fácil para ele. Sua vida estava em desordem. Não só ele lutava contra uma ordem de deportação pelo governo dos Estados Unidos – por causa de uma apreensão de drogas do Reino Unido, em 1968 –, mas também estava envolvido em litígios sobre a dissolução legal dos Beatles, que só aconteceria no fim daquele ano. Além disso, havia a questão jurídica com Morris Levy, que detinha os direitos autorais das canções de Chuck Berry e acusava Lennon de copiar trechos da canção "You Can't Catch Me" na famosa música do *Abbey Road*, "Come Together".

Para coroar, a vida pessoal dele tinha ido para o espaço: estava separado de Yoko Ono. Ela não ligava e até incentivava o caso de Lennon com sua assistente pessoal, May Pang. E Lennon passava a frequentar, mais do que nunca, as manchetes dos tabloides por causa da bebida, da heroína e da cocaína – e todo tipo de excessos com os colegas foliões Keith Moon, Harry Nilsson e Ringo Starr. Como falamos, essa era a época da produção do álbum *Rock 'n' Roll*, produzido primeiro por Phil Spector e depois por mim. Lennon interrompia as sessões para as esbórnias químicas num conjunto de obra que ele mesmo batizou de "fim de semana perdido que durou 15 meses".

Lembro que, em meados de 1973, Phil Spector e Lennon se desentenderam por alguma razão e Spector, louco do jeito que era, sumiu com as fitas do disco. Só em 1975 é que ele devolveria o material à Capitol Records, mediante a soma de 90 mil dólares. Spector era doido. Um dia ele atirou para o alto no estúdio bem ao lado de Lennon, que ficou surdo de um ouvido por uma semana!

Mas havia uma luz no fim do túnel, e não era um trem seguindo da direção oposta, como a situação faria supor. Depois de retomar a amizade com Paul McCartney e forjar laços mais fortes com Julian, o filho de seu primeiro casamento, Lennon decidiu recuperar sua carreira. Ele parou com o projeto do álbum *Rock 'n' Roll* por um tempo e apresentou material novo, para o disco que ele engendrava secretamente em sua cabeça, *Walls and Bridges*.

O álbum, lançado no fim de 1974, alçaria Lennon ao topo das paradas americanas, por obra e graça de músicas que traziam histórias de como ele perdeu Ono ("Bless You", "What You Got", "Going Down on Love"), juras de amor eterno a May Pang ("Surprise, Surprise [Sweet Bird of Paradox]"), sua inimizade com o ex-empresário dos Beatles, Allen Klein ("Steel and Glass"), e suas lutas em curso com a insegurança e a depressão. Lennon estava tocando nas rádios como nunca com as faixas "#9 Dream" e "Whatever Gets You Thru the Night", esta última com uma harmonia no vocal e uma contribuição ao piano de Elton John que ajudaram John Lennon a garantir seu único single da carreira solo no topo das paradas em sua vida.

Tudo foi gravado comigo no Record Plant de Nova York, entre junho e julho de 1974.

Quando John resolveu continuar a gravação de *Rock 'n' Roll* comigo, foram praticamente jogados fora os nomes e os figurões que Phil Spector havia sugerido.

A sessão rítmica contou com o baterista Jim Keltner e o baixista Klaus Voormann, acompanhados pelos guitarristas Jesse Ed Davis e Eddie Mottau, o tecladista Nicky Hopkins, o saxofonista Bobby Keys e o percussionista Arthur Jenkins.

Tenho algumas lembranças pontuais. Já contei de janeiro de 1975, quando Yoko me confidenciou estar grávida de Sean Lennon. Agora quero dar alguns detalhes da gravação de *Rock 'n' Roll*, sexto álbum solo de Lennon, lançado em fevereiro de 1975. Havia muita loucura acontecendo entre os produtores, engenheiros e artistas. Já comentei que metade do álbum foi gravado no estúdio A&M e metade no Record Plant de Nova York – e participei das gravações em ambos os lugares. Mas quero contar o que se passava lá em Los Angeles, no A&M.

As gravações começaram no estúdio A. O lugar é enorme, com capacidade para até 150 músicos. Não gostamos do som, então tentamos o estúdio B, onde havia muita coisa rolando: cocaína, uísque, e sou culpado por muito do que aconteceu ali...

As faixas passavam tão rápido enquanto tocavam que não me lembro de algumas delas, não sei se por causa do uísque...

Voltávamos para casa de carro todas as noites, então não sei como conseguíamos chegar inteiros. A polícia de Beverly Hills coloca você para fora do carro só por dirigir tomando Coca-Cola.

No álbum *Rock 'n' Roll*, Lennon manteve o controle até o fim das sessões – depois ele ficou deprimido e costumava beber muito comigo. Ele estava morando em Beverly Hills, numa casa que foi comprada por Lou Adler, famoso por causa de *Hair*, a peça da Broadway.

Acontecia assim: primeiro, Lennon ficava animado, talvez por causa das drogas e/ou do álcool. Isso o tornava dono de um rock muito visceral, muito bom, de fato um rock muito antigo. Eles amavam aquilo... Depois eu amei mais ainda, afinal fui responsável por aquele som e fiz o melhor que pude, mesmo estando intoxicado.

O som saía muito sujo, porque deixávamos as coisas acontecerem, fluírem. Se ficássemos todos com pensamentos certinhos, teríamos que parar e fazer outras tomadas. Por causa disso, gravamos a maioria das músicas em um, dois ou três *takes*. O disco e as músicas foram *hits*, acho que eles trabalhavam melhor estando drogados e bêbados. Já em outros álbuns de rock, eu discordo disso – por exemplo, com Bruce Springsteen... Se ele estivesse bêbado, não teria condições de gravar seus álbuns, que eram belos trabalhos.

Em um daqueles dias de gravação em Los Angeles, fui jantar com May Pang e Lennon e levei minha Polaroid. Tirei fotos deles como louco, o tempo inteiro. Tirei uma de Lennon, ele não gostou, pegou minha câmera, a jogou no chão e a quebrou em vários pedaços. No outro dia, ele me deu outra.

Eu me lembro de outro momento engraçado daqueles dias. Lennon entrava correndo naqueles banheiros públicos gigantes, com uns cinco metros quadrados. Ele entrava para urinar, eu entrava com a minha Polaroid e tirava fotos dele urinando e saía. Essas imagens foram todas destruídas por May.

John, sob influência do álcool, ficava mais bravo, mais louco. Quando ele começava a beber, eu já alertava a todos: "Lá vem o louco".

Mas May foi modificando o comportamento dele. John se acalmou um pouco, tentou muitas vezes se controlar quando sabia que estava bêbado. Ele costumava nadar na piscina bêbado, acho que isso o ajudava a aguentar a noite. Mas o ponto principal de John naquela época, aquilo em que acredito, é que ele sentia falta de Yoko.

Tinha algo de que Lennon sempre reclamava como a maior perda de sua vida, depois da mãe: a fita dos Beatles que foi destruída em um incêndio. Ela tinha sido gravada com o nome *A Toot and a Snore*, um trocadilho para cheirar cocaína. Isso foi em 1974. Foi a única sessão formal depois do fim dos Beatles em que Paul e John tocaram juntos.

Esse projeto foi um improviso total. Colocávamos os fones de ouvido para garantir que todos tivéssemos um tipo de mistura, de combinação. O projeto aconteceu em Los Angeles também, no Burbank Studio.

Gravamos talvez duas horas de música. Infelizmente, tudo isso se perdeu. As fitas originais com a gravação estavam em um apartamento em Nova Jersey. O incêndio começou no andar de baixo, por causa de um cigarro jogado num cesto de lixo cheio de papel. Queimou tudo no andar de cima. Hoje só existem registros piratas dessa nossa gravação.

Eles queriam consertar muitas coisas nesse projeto antes de divulgá-lo, não podíamos tocar aquele tipo de coisa nas rádios. Poderia causar problemas com a lei na época. Estavam planejando mexer naquilo.

John e Paul estavam se dando bem naqueles dias. Acho que todos estavam tocando livremente e aproveitando o bom momento; talvez porque usassem drogas... Ou talvez não fossem as drogas, fosse real mesmo.

A gravação de *A Toot and a Snore* foi assim: Lennon estava produzindo o álbum de Harry Nilsson, *Pussy Cats*, quando Paul e Linda McCartney apareceram uma noite. Embora não se vissem havia três anos e tivessem se atacado na imprensa, ele e Paul retomaram a amizade como se nada tivesse acontecido, e decidiram gravar algo juntos, chamando outros amigos. O produtor foi Eddie Freeman, que também produziu *American*

> *Pie*, de Don McLean. Lennon ficou com o vocal e a guitarra, e McCartney fez *backing vocal* e tocou a bateria de Ringo. A gravação também conta com Stevie Wonder nos vocais e no piano elétrico, Linda McCartney no órgão, Pang no pandeiro, Nilsson nos vocais, Jesse Ed Davis na guitarra e Freeman no baixo. Bobby Keyes foi questionado algumas vezes sobre essa sessão, mas afirmou não se lembrar de nada.
>
> A *jam session* não revelou nada muito produtivo musicalmente. Lennon parecia estar sob o efeito de cocaína. Na primeira faixa, ouve-se ele falando claramente a Stevie Wonder: "Quer cheirar, Steve? Quer um teco? Está rolando".
>
> Esse projeto foi mencionado pela primeira vez por Lennon em uma entrevista de 1975, e mais detalhes surgiram em 1983, com o livro de May Pang. Ele ganhou ainda mais destaque quando McCartney fez referência à sessão em uma entrevista de 1997. – C. T.

Para a carreira solo de Lennon, precisávamos criar algo, fazer alguma coisa, porque antes, nos Beatles, George Martin costumava cuidar de tudo. Então, o que eu fazia era apenas me sentar no estúdio, tocar a música no equipamento e mudar alguns dos componentes.

Nós tentávamos coisas diferentes no som. Todos acham que na voz dele a gravação é em atraso (*delay*), o que agora é feito digitalmente. O *delay* se tornou a marca de Lennon, sua assinatura, mas alcançar isso foi um processo que demorou meses, com muitos equipamentos analógicos diferentes. Levamos meses para desenvolver de maneira satisfatória o som vocal dele, de forma que fosse diferente do som dos Beatles. Não era tão simples obter aquele som, foi preciso usar um gravador de fita, o que chamamos de *eventide flanger*, *noise gates*, além de equalizadores. Tudo isso era posto no atraso de som (*delay*) de Lennon. Eu tinha o vocal original com os *noise gates* e, quando John ia cantar, isso era transmitido ao *delay*, era o que acontecia no vocal. Demorou uns três ou quatro meses para acertarmos.

Se você sabe como recomeçar, tudo bem, mas, se não tem o som, não vai conseguir. No último disco de Lennon, foi desenvolvido um som diferente, com uma unidade chamada EMT 250. Foi o primeiro *delay* digital já feito – costumávamos chamá-lo de R2-D2, por causa do filme *Star Wars*. Era outro som, que Jack Douglas usou em "(Just Like) Starting Over", de *Double Fantasy*, gravado no Hit Factory.

Sobre Yoko, não sei se havia um artifício, porque isso implica algo que não é real; eu tentava fazer tudo soar o mais real possível, como se tivéssemos um som futurista, aquele som futurista em que usam equalizadores. Eu costumava conectar o microfone em um telefone, aí ligava para outro telefone, em outro cômodo, e gravava assim, para que soasse metálico e futurista.

Yoko gostava de usar coisas reais, do dia a dia. Você não vai acreditar, mas uma vez ela queria gravar o som de uma privada. Então, entrei no banheiro, coloquei dois gravadores com um par de microfones Neumann U87S devidamente acondicionados em camisinhas bem perto do vaso sanitário e dei a descarga. Orgulhosamente, fizemos a única gravação do som de uma privada dando a descarga. Essa era Yoko.

Alguns truques naturais foram usados na bateria para Lennon, que fazia muitas manobras com as mãos na bateria. Costumávamos pegar um disco de hóquei no gelo, que é totalmente americano, ou canadense, acho. Eu usava as mãos, batucava... Tínhamos uma estação de trabalho completa lá no estúdio para fazer coisas assim. Eu colocava aquilo no *quick drum* grudando na pele do bumbo, e o martelo da bateria rápida ia bater no disco de hóquei, fazendo o som do taco de hóquei com que eu sonhava! Então você tinha um ataque inacreditável, era o aquecimento de toda a bateria, o fundo.

Isso foi usado com o baterista Jim Keltner. Também gostávamos do som com duas peles, sem buracos na bateria. Suspendíamos o microfone virando-o na vertical e pendurávamos aquilo no meio da bateria.

Você quer saber truques de baixo? Sabe onde ficam as pontes em um contrabaixo? Elas ficam atrás do instrumento. Costumávamos colocar um tipo de telefone ao redor do microfone, um microfone pequeno. Ficava virado para cima. Nós usávamos isso como outra forma de gravar o contrabaixo com microfone externo.

Lennon de início não pensava em mudar seu estilo de voz. Ele era quem ele era, e aquela era a maneira como cantava. John era John. Ele era a voz dos Beatles. Mas depois de algum tempo me pediu, com a ajuda de meus microfones, que modificasse todo o DNA de sua voz – porque, segundo ele, gostaria que seus herdeiros o conhecessem também por outro timbre de voz que não o dos Beatles. Sobre sua maneira de compor, Lennon costumava escrever no momento. Era incrível a forma como ele compunha. John entrava no estúdio, e os músicos lembram que, exceto no álbum *Rock 'n' Roll*, como já contei, todo mundo tinha que fazer o álbum um pouco diferente do som dos Beatles.

O que ele fazia com seu próprio material era ir ao estúdio, com os músicos em volta, e cantar no meio da sala, o que hoje é um tabu. Fazíamos muito isso nos anos 1970; em várias músicas, os artistas queriam cantar em outro microfone que não o tradicional – eu inclusive costumava andar com uma mala de microfones que só eu tinha.

Então, ele começava a compor, os músicos começavam a acompanhá-lo, com a gravação sempre em andamento, a fita rolando o tempo todo. Talvez essa seja a razão para termos tantas gravações reais. Foi assim que "Come Together" surgiu: o som veio de modo inesperado, de forma mágica; todos começaram a acompanhar John cantando, e ele amava cantar com aquele atraso de que já falamos. Ele amava cantar daquele jeito, com coisas saindo de sua cabeça e com a banda acompanhando.

Eu e John de vez em quando falávamos de outras coisas que não a música. Por exemplo, uma vez ele me contou que tinha um amigo que era piloto de helicóptero. Desculpe, Yoko, mas ele costumava usar cogumelos e essas coisas todas. Os dois usavam, o piloto e Lennon, e depois iam dar uma volta de helicóptero. Eles tentavam chegar o mais perto possível dos desfiladeiros, numa combinação estranha e perigosa de alucinação e realidade. John costumava me contar histórias assim, vou me lembrar de outras.

Guardo até hoje os recibos de pagamento das dívidas que Lennon e Yoko contraíram comigo. Tudo devidamente quitado com cheques do Banco de Tóquio, assinados por Lennon, numa letra floreada.

Acho que fui a figura paterna mais presente que Lennon teve, mas não me perdoo por deixar que ele passasse a andar em carros comuns e táxis. Foi com meu consentimento que ele começou a pegar táxis comuns numa boa, abrindo mão dos carros blindados em que andava antes. Nem quero pensar nisso, pois meus olhos ficam cheios de lágrimas. Se pensarmos que Lennon foi assassinado justamente logo depois de sair de um táxi…

Acho que agora, enquanto falamos, na metade de 2012, tenho uma atitude mais calma em relação a essas memórias. A última vez que o vi foi na sala de mixagem do Record Plant, hoje pertencente à Sony. Depois da sessão, ele pegou um táxi e se foi, era 8 de dezembro de 1980.

Para mim, é duro falar sobre isso, é algo que me deixa emotivo. Se ele não tivesse pegado o táxi, talvez aquilo não tivesse acontecido... Mas é a vida, certo? Foi nosso último encontro, em 8 de dezembro de 1980. Pode ter sido no dia 7, não tenho certeza, mas acredito que foi no dia 8, ou seja, justamente no dia em que ele foi baleado.

Recebi a notícia de seu assassinato porque alguém me ligou, acho que foi May Pang ou Jack Douglas, que estava produzindo Lennon na época. Imediatamente a notícia estava em todos os cantos, nas rádios, na televisão, mas ninguém falava ainda que ele estava morto. Foi transmitido que Lennon estava no hospital, que tinha levado quatro tiros.

Não conversávamos sobre o que ele achava que seria Deus nem o que seria a vida, pelo menos não me lembro disso.

Pensando bem, vou parar de dizer que John Lennon foi como um filho para mim... Ele foi um irmão com quem trabalhei de 1971 até sua morte. A amizade entre nós dois na verdade começou em julho de 1971, quando gravei o álbum duplo de Yoko, uma loucura experimental chamada *Fly*. Fiquei amigo do casal.

A partir dali, passei a gravar as cordas do *Imagine*, de John Lennon, no Record Plant – foi um trabalho de reconstrução delicadíssimo feito sobre o rascunho das canções que Lennon levou de seu estúdio caseiro na cidade de Ascott, na Inglaterra. Depois, em 1971 e 1972, já com Lennon e Yoko morando em Nova York, tornei-me o engenheiro de som dos álbuns *Sometime in New York City* e *Mind Games* – o primeiro disco de Lennon que não foi coproduzido por Phil Spector. Na época, tomávamos uma garrafa de uísque por dia.

Para a gravação de *Rock 'n' Roll*, havia a possibilidade de eu ficar num hotel em Beverly Hills, o mesmo em que Lennon estava, mas eu não quis, porque lá rolava de tudo, e eu sabia que jamais terminaria o trabalho iniciado em Nova York. Expliquei a Lennon que não iria sozinho para Beverly Hills, e ele respondeu: "Então, traga sua família". Expliquei que eu até poderia fazer isso e que eu não cobraria para levar minha família. Lennon respondeu: "Não estou nem aí, porque não vou pagar por isso, caso você decida ir. Quem vai pagar é a gravadora EMI". Como Lennon praticamente mandava na EMI, foi alugado um bangalô no Beverly Hills Hotel para mim, com cinco cômodos gigantescos.

Em Beverly Hills, a gravadora A&M me deu o estúdio B, com 18 músicos e microfones ligados diretamente numa mesa Scully. Enquanto eles tinham 18 músicos, nós tínhamos 25 em Nova York. Naquela época, fazíamos muitas gravações básicas assim. Os teclados foram direto para o gravador Scully, que tinha entradas de microfone.

Naquela época, fazíamos a maior parte das gravações básicas em 16 pistas e depois remixávamos e voltávamos para 24. Usei quatro placas EMT 140 em cada sala, junto com três compressores Fairchild 670, LA2As Teletronix, Urei LA4 pretos, Publisons, Eventides e Pultecs. O problema foi que sempre consegui usar o que quis, com exceção dos Pultecs, que não consegui arranjar. Sempre que eu trabalhava, outra pessoa queria usá-los e, como eu era o chefe, tinha que deixar. Então, comecei a modificar uma coisa chamada CBS Limiter, que usei do *Rock 'n' Roll* em diante. Ainda tenho esse equipamento, e eu pretendia doá-lo para o Hall da Fama, mas não conheço ninguém lá.

Minha atitude sempre foi "Vamos em frente. Nada é impossível". Afinal, quando aqueles músicos tocavam, o equipamento não fazia diferença nenhuma. Era a sensação que importava.

Foi nessa época que fiz meus primeiros contatos com Phil Spector, de quem já falamos. Ele era como um pequeno Napoleão, dava ordens para as gravações serem cortadas no meio. Quando estávamos gravando os violinos para o *Imagine*, Spector dava berros para que tudo fosse cortado, e todo mundo parava, mas na hora ele não sabia que mudança fazer.

Embora o disco *Rock 'n' Roll* estivesse nas mãos de Spector, a faixa cover de "Be My Baby", de seis minutos, jamais apareceu no original. Foi toda moldada por mim e só veio a público na *John Lennon Anthology*, lançada em 1998 por Yoko. Começou ali a química entre mim e John Lennon. Desse dia em diante, Lennon passou a me pedir para jogar os ecos e os sibiladores (já falei deles) direto em seu fone de ouvido. Ele tinha um retorno automático do eco da voz e brincava com isso de forma genial. Hoje todo artista reclama muito quando você coloca o retorno do eco direto em seus ouvidos. Mas Lennon surfava nessa técnica. Coisa de gênio. Então, foi a partir de fevereiro de 1975 que, por minhas mãos, a faixa "Stand by Me" chegou ao sexto lugar nas paradas dos Estados Unidos e da Grã-Bretanha.

Quando fizemos o *Walls and Bridges*, John começou a dizer: "Roy, nunca mais venho para o estúdio com músicas prontas, eu venho com ideias". Por isso eu via Lennon compor tudo praticamente diante do microfone. Ele mudava tudo no estúdio.

Eu me lembro de ele me telefonar um dia e dizer: "Eu queria muito que meu amigo Elton John gravasse os vocais na música 'Whatever Gets You Thru the Night'". Lennon também queria que Elton tocasse órgão ou piano nessa faixa.

Elton apareceu para gravar, e seu empresário, John Reed, reclamou que a voz do Lennon ficava muito proeminente na mixagem, a ponto de encobrir o piano de seu artista. Tive que chamar sua atenção e explicar que ele não poderia gravar o piano como queria, senão encobriria a voz de Lennon. Disparei: "Bem, quem é o artista principal aqui?". Ele respondeu: "John". E eu emendei: "Certo. Sei que o Elton também é um artista, mas, se aumentarmos o piano, só vai dar para ouvir isso no rádio". Ele não ficou feliz, mas o resultado todo mundo conhece. A gravação foi um sucesso, e dá para ouvir Elton John muito bem.

Lennon fez uma promessa a Elton: se a faixa "Whatever Gets..." chegasse às mais tocadas, o ex-Beatle se juntaria a ele em sua próxima turnê nos Estados Unidos. E foi o que aconteceu. Em 28 de novembro de 1974, Dia de Ação de Graças, Elton John fez um concerto no Madison Square Garden, e lá estava Lennon cantando com ele "Lucy in the Sky with Diamonds" e "I Saw Her Standing There", dos Beatles, além da parceria dos dois.

Em meados de 1974, passamos dois dias só ensaiando as novas composições de Lennon e pensando em todos os arranjos de *Walls and Bridges*. Ele sabia o que funcionava quando ouvia. Compus uma canção com Lennon, "Incantation", que foi gravada por uma banda chamada Dog Soldier. Quando tocava piano, os acordes de John podiam ser simples, mas a sensação... Ele era inacreditável. Além do mais, quando se colocava diante do microfone e começava a cantar, a melodia podia mudar de repente. Era incrível. John era um gênio com as palavras e com a melodia. Mesmo depois de ensaiar com os músicos, ele mudava tudo no estúdio. Eu me lembro de uma vez em que ele cantou fora do tom alguma coisa que estava pronta para a mixagem. Ele disse: "Não vou gravar esse vocal de novo. Vamos só deixá-lo um pouco mais alto". Foi o que fizemos: aumentamos e depois abaixamos o tom.

Outra coisa que eu admirava muito nele era que, quando John e a banda estavam no clima para determinada música, ela fazia o que fosse necessário. Talvez não *backing vocal* nem metais, mas tudo o que tivesse a ver com a seção rítmica e, possivelmente, os vocais, se ele não estivesse muito cansado. Só então passava para a faixa seguinte. Eu adorava isso, mesmo que fosse exaustivo. O único problema era voltar no dia seguinte para a sessão de gravação.

Programas de TV, transmissões de rádio, livros, artigos de revistas, manchetes de jornais, tudo isso era fonte de inspiração para

John Lennon – e, no processo de criação de *Walls and Bridges*, houve uma bela quantidade de faixas cujo título e cujo tema surgiram de algo visto tarde da noite na televisão.

Lembro-me também da fascinação de John Lennon pelo número 9.

Quando ele começou a fazer sua alquimia em "#9 Dream", eu já sabia dessa predileção nada secreta. Parece que a música tinha surgido de um sonho em que um casal de mulheres berrava seu nome.

O número 9 perseguiria Lennon até a morte: ele nasceu em 9 de outubro de 1940; seu primeiro lar foi Newcastle Road, número 9, Liverpool; o empresário dos Beatles, Brian Epstein, viu o grupo pela primeira vez no dia 9 de novembro de 1961; John conheceu Yoko num 9 de novembro também, em 1966. Em 1968, John fez a bricolagem sonora "Revolution 9" para o *White Album*, dos Beatles. Seu filho Sean nasceu no dia de seu aniversário, 9 de outubro de 1975. E Lennon foi assassinado às 11 da noite do dia 8 de dezembro de 1980 – mas na Inglaterra já era 9 de dezembro. – C. T.

No fim de 1974, o single "#9 Dream" foi lançado nos Estados Unidos e foi direto para a nona posição nas paradas de sucesso. Na época, Lennon estava produzindo o álbum *Pussy Cats*, de Harry Nilsson. A melodia da faixa que recebeu o título provisório de "So Long" tinha sido emprestada por Lennon do arranjo de cordas feito para a versão cover de Nilsson do *hit* "Many Rivers to Cross", de Jimmy Cliff. Lori Burton, minha esposa, uma das cantoras mais famosas dos Estados Unidos na época, fez os *backing vocals*, ao lado de May Pang e de Joey Dambra.

Numa noite, recebi um telefonema ácido de Al Coury, promotor de eventos da Capitol Records. Ele me disse que ou

"#9 Dream" era cortada do álbum ou não iriam promovê-la nas rádios. Por coincidência, era a faixa nove do disco. Coury disse que Lennon já tinha lhe perguntado o porquê do corte e me explicou que repetiria a resposta dada a ele: os *backing vocals* de minha esposa sussurravam "*pussy*" [xoxota]. Então, Lori trocou o palavrão por "Ah! Böwakawa poussé, poussé...", e o pseudofrancês passou.

Ao fim da produção do disco, quase tive um infarto. Coury me chamou na sala de finalização, ao lado de Greg Calbi, e disse: "Olha, Roy, a máquina ficou louca e cuspiu as fitas". John estava todo enrolado em fitas cortadas. Achei que tínhamos perdido o trabalho de dois meses. Quase desmaiei. Então, Lennon começou a gargalhar: eram fitas falsas. Foi uma pegadinha dos diabos. Acho que já contei isso, não?

Outra lembrança que tenho é de John posar comigo, com sua jaqueta de couro preta novinha e Yoko ao lado. Atrás dele, havia um violão gigante: Lennon queria entrar no violão e ouvir o som de dentro, por isso mandou fazê-lo (a ideia surgiu numa viagem de LSD). A foto foi tirada por Bob Gruen, fotógrafo que apresentei a Lennon e que se tornou seu retratista oficial. Lennon morreria três dias depois desse episódio.

Hoje todo mundo se preocupa com como vai ficar a definição de uma foto na internet. Eu sempre me preocupei com outra coisa: a definição do som nas rádios. Se soasse bem nas rádios, em termos de qualidade, a partida estava ganha.

Eu alterava todos os compressores de som da CBS pessoalmente. Eu os desmontava e os remontava do meu jeito. Usávamos os compressores da CBS porque ninguém mais gostava deles. Eu tinha vários equipamentos em cada canto do estúdio. Fiz muitos trabalhos famosos utilizando os compressores modificados. Ainda tenho os equipamentos usados em todas as gravações de Lennon, Alice Cooper, Kiss, Miles Davis.

Naqueles anos, as rádios não tinham bons compressores e, sem eles, a música não soava nos aparelhos das casas e nos carros! A música costumava subir e descer. Se não usássemos compressores no primeiro estágio, isso fazia o compressor das rádios trabalhar mais.

Eu provavelmente era a única pessoa em Nova York que tinha uma estação de rádio particular dentro do carro. Eu transmitia as músicas do Record Plant para meu Rolls-Royce. O som saía num rádio pequeno, para ouvirmos como ficaria num aparelho vagabundo qualquer. Eu e John Lennon mantínhamos esse grau de preocupação! Alguns dos álbuns que transmitimos por essa rádio foram *Mind Games*, do próprio John, e *Pussy Cats*, de Harry Nilsson.

Quando John morreu, estávamos tentando levar um carro pequeno para dentro do Record Plant, a fim de conferir como as músicas soariam nele!

Em 2013, quando Roy estava prestes a ser operado de novo, ele recebeu um telefonema de Yoko Ono. Os dois conversaram por mais de 40 minutos, e ela gentilmente se ofereceu para cuidar dele e instalá-lo no mesmo endereço onde Lennon morou, no edifício Dakota, em Nova York. Roy acabou não aceitando, mas ficou feliz com a oferta de Yoko. Um tempo depois, ela falou comigo por e-mail. Na verdade, falou por meio de sua secretária, Sibyl Bender. Yoko foi um tanto quanto lacônica. Pelo visto ela ainda mantém algumas posturas. – C. T.

Caro Claudio,
Aqui estão as respostas de Yoko a suas perguntas.

Como foi seu primeiro contato com Roy, em detalhes?

Fomos conhecer o dono de um estúdio de música. Tivemos uma boa sensação em relação a Roy, porque ele foi muito profissional e não desperdiçava palavras.

Por que você e John ficaram amigos de Roy?

A química foi boa. Éramos cantores e compositores difíceis, e não teríamos continuado o trabalho a cada noite sem termos sentado com Roy.

Você se lembra de alguma história engraçada envolvendo você, John e Roy?

Não me lembro de nenhuma. Se Roy se lembrar de algo e puder me dizer, talvez eu consiga lembrar também.

Como Roy deu uma nova identidade para a voz de John em seus álbuns solo?

Roy, além de proprietário do estúdio, também era um engenheiro de som de primeira linha. Ele não queria que um engenheiro contratado qualquer estivesse ali para fazer seu trabalho. Ele queria fazer, e fico feliz que tenha sido assim. Roy sabia que seu melhor seria sempre solicitado.

Você se lembra de detalhes, como Roy processando sua voz em um microfone submerso em uma privada para o álbum solo?

Tentamos todos os tipos de truques para fazer sons realmente *avant-garde*. Roy não tinha medo de pegar esses caminhos.

Por que você e John escolheram o Record Plant para cuidar de seus trabalhos solo?

Allen Klein tinha recomendado o Record Plant para nós como o estúdio supremo para o qual deveríamos ir. Tínhamos acabado de chegar de Londres e não sabíamos o que era aquilo.

Qual foi o principal legado de Roy para o cenário musical?
Seu profundo senso de apreciação de canções e de como elas deveriam ser traduzidas em faixas de um disco.

Como Roy ajudou você e John quando chegaram aos Estados Unidos, naqueles tempos pesados em que vocês foram seguidos pelo FBI?
O estúdio era como um vácuo onde a política não entrava. Enquanto John e eu estávamos no estúdio, podíamos esquecer os caras de capa de chuva. Foi bom.

O que teria sido diferente nos Beatles se Roy tivesse sido o engenheiro deles desde o início?
Não vou entrar nesse tema. Os Beatles fizeram um trabalho incrível com suas gravações, e há engenheiros ingleses que receberam o crédito por isso.

Como o mantra de Roy, "Não existem problemas, apenas soluções", influenciou você e John – a ponto de ele colocá-lo em uma letra?
Não me lembro disso.

Qual era a magia dentro do Record Plant?
O Record Plant era Roy. E a maneira como ele configurava e controlava tudo tornava as coisas mais fáceis para nós.

Você pode dar um exemplo de algo inovador, em termos de som, que você e John quiseram alcançar naquele momento e de como Roy trouxe soluções criativas?
Como eu disse antes, Roy era especialmente bem informado sobre sons e técnicas de gravação, e ele o fez melhor para nós.

O que teria acontecido com a música hoje se não tivéssemos tido as soluções inovadoras de Roy naqueles anos?

Vamos dizer que teríamos chegado a outra solução. Mas Roy foi o único que fez isso. Ninguém mais.

Por favor, descreva Roy como ser humano e profissional.

Roy foi o cara mais legal de todos. Ele conseguia nos fazer relaxar e nos deixava confortáveis.

Roy pediu para perguntar por que você, Yoko, disse, no início de uma canção, que ele era um "engenheiro de som porco chauvinista".

Acho que eu não estava falando de Roy.

5.
O lado pouco conhecido de John e Yoko

Para você, leitor, saber de coisas que ninguém nunca soube sobre o ex-Beatle, pedi para minha ex-mulher, Lori Burton, dar um depoimento sobre aquela época – desde o dia em que nos conhecemos até nossa relação personalíssima com Yoko Ono e John Lennon nos anos 1970 e 1980.

Como conheci Roy

Em 1966, morávamos em New Haven, no estado de Connecticut. Aliás, eu morava em New Haven e ele morava em West Haven, próximo dali. E nós nos conhecemos... Na época, havia uma coisa chamada "sinal de ocupado" [*busy signal*]. Era um número de telefone que você discava e recebia esse "sinal de ocupado". Mas o que acontecia era que você conseguia conversar no meio dele. Era um espaço para encontros. Garotas ligavam para encontrar garotos, e garotos ligavam também... Você podia conversar e dizer: "Esse é meu número de telefone, me ligue!". Era o que acontecia.

Ele me ligou, mas na verdade naquela época eu conversava mais com um amigo dele. Um dia, conheci os dois pessoalmente, e quando vi Roy pensei: "Meu Deus, é dele que gosto! Não desse outro amigo, o Tommy, que não é nem um pouco bonito". Foi uma noite legal. Depois disso, passamos a conversar mais... Liguei para ele um tempo depois e disse: "Sabe, Roy, seu amigo é legal, mas eu não sei como você consegue fazer isso. Eu, não...". Eu tinha só 14 anos! E acho que Roy estava com quase 16. Enfim, continuamos conversando quase toda noite sobre ele contar ao amigo que nós dois também nos falávamos, mas nunca aconteceu. Isso continuou por um bom tempo, até que, finalmente, estávamos gostando um do outro.

Conhecendo Lennon e Yoko

Conheci John e Yoko quando fui convidada a fazer *backing vocal* na Plastic Ono Band. Roy estava gravando com o John. E a canção era "The Luck of the Irish". Eu era a única cantora; quer dizer, havia um monte de gente fazendo vocais de apoio, mas ninguém era profissional. Como eu era, disseram: "Ah, bom, você pelo menos vai conduzir a melodia e pode cantar na frente". Foi quando conheci John e Yoko.

Eu estava bastante emocionada por conhecer os dois, mas ainda tinha que cantar. Para falar a verdade, o relacionamento deles estava bem difícil naquela época. John era muito amigável, enquanto Yoko era distante. Ela sempre foi, não havia nada de muito amigável nela. Nada. Ela parecia ser um tanto fria. Você meio que só meneava a cabeça para ela, para cumprimentá-la, enquanto John vinha e falava: "Oi! Como você está?". Era muito fácil conversar com ele.

Depois desse episódio, eu ficava muito em casa. Porque eu tinha um filho e estava grávida de uma menina. Roy e eu morávamos em Nova Jersey. Então, não acontecia muita coisa, exceto pelo fato de Roy estar decidido a ir para a Califórnia gravar John.

70   A porta mágica

Yoko "trai" John

Fui para a Califórnia depois que o bebê nasceu. Roy estava gravando com o John. Naquela época, até antes disso, Yoko estava tendo um caso, não sei se sério, com um guitarrista. O nome dele era David Spinozza. Era um músico de estúdio muito conhecido e bastante atraente, um cara bonito mesmo. Acho que a Yoko gostou dele e, pelo que ela disse, John meio que... Havia um rumor de que ele era meio incontrolável, queria participar de todo tipo de coisa. Yoko estava pensando: "Ah, talvez John devesse se separar de mim por um tempo...". Ela queria mesmo era ficar com esse sujeito, David. Então ela aproximou May Pang, sua secretária, do John. E fez com que um romance surgisse.

May era bem jovem, tinha uns 22 anos... E John, assim como eu, libriano nascido em 1940, tinha no máximo 32 ou 33 anos. May era só uma criança! Ela devia ser, imagino, uma ótima secretária para a Yoko, mas de repente ouviu: "Quero que você fique de olho em John, faça isso e aquilo. O que ele quiser, faça". E mais: "Ele gosta de você, mas do que como uma secretária". May não sabia o que dizer! Sabe, você está trabalhando para John e Yoko, e aí sua chefe diz: "Olha, as coisas vão ser um pouco diferentes. John foi embora e está meio incontrolável. Ele quer ter casos, e eu não quero isso. Eu quero que você fique com ele. Ele gosta de você". Foi uma proposta. Aliás, acho que May sentiu como se fosse uma proposta irrecusável.

Yoko, na verdade, não queria deixar John sozinho. E se ele encontrasse alguém de quem gostasse de verdade? Aí ela não teria mais controle. Então Yoko empurrou May para John. Foi como se ela tivesse arranjado tudo. E May levou um susto: "Meu Deus! Não sei lidar com isso!". Mas a Yoko disse: "Quero que você o acompanhe à Califórnia". Na verdade, ela estava forçando May a ser amante de John enquanto ficava com David Spinozza. Foi isso que aconteceu. May foi para a Califórnia com John Lennon.

Como disse, depois do nascimento de meu bebê com Roy, também embarquei para a Califórnia. Ficamos em um bangalô e, claro, conheci May mais intimamente. Não era como antes, quando a conheci por meio de John e Yoko e apenas nos cumprimentávamos. Ela sempre foi muito simpática. Mas o contexto lá era diferente, ela e John estavam juntos. E o que eu vi... Não concordo que tenha sido um fim de semana perdido, havia mais coisa envolvida! Ele ficou com May por 18 meses. Não aconteceu do dia para a noite. John definitivamente sentia algo por ela.

Nós sempre saíamos para jantar – Roy e eu, John e May. Lembro que fomos ao cinema juntos e vimos um filme maluco, uma adaptação um pouco pornográfica, *Last Tango in Burbank*, mas era muito engraçado. Fomos ao LA Theater, e na saída as pessoas pediram autógrafo para John, que foi muito simpático. Ele era bastante afetuoso e amoroso com May. Havia um relacionamento em curso. E o que eu vi foi que John estava livre, ele não era daquele jeito com Yoko. Quando estava perto de Yoko, ele era simpático, sorria, mas nunca participava da conversa, porque a Yoko estava sempre tirando o máximo de proveito dele. Por exemplo: "Vamos, John, preciso mostrar para você a letra que compus! Venha aqui!". Ela monopolizava tudo. E nunca deixava o John parado no estúdio nem na recepção conversando com alguém. Isso simplesmente não acontecia. Mas quando estava com a May, ele era diferente. Era como se os dois estivessem em um relacionamento, e ele era livre, podia fazer o que quisesse, dizer o que quisesse. Dava para ver que ele não era, de maneira nenhuma, monitorado.

John termina o relacionamento com May Pang

Guardo os detalhes de como tudo aconteceu. Essa coisa de "John correu atrás de Yoko"... Foi ela que ligou.

No começo, Yoko mal podia esperar para se livrar de John, porque estava tendo um caso com David Spinozza. Quando o caso esfriou, ela ficou um pouco insegura e começou a ligar para John. Yoko ligava para Los Angeles todo dia. Tudo o que fazia era tentar falar ele. Quando não conseguia, ela falava com Roy. Se não conseguisse falar com Roy, falava com May. Se não conseguisse falar com eles, ligava para os músicos. Ela estava em contato constantemente. E sempre passava um sermão em John. Uma vez, Jack Douglas, um dos engenheiros que auxiliavam Roy no dia da gravação, ouviu John dizer a ela: "Por que você está me ligando? Você disse o que quis, você fez o que quis! Me deixe em paz!". E a chamou de "japa velha e mal-humorada". Foi exatamente isso que ele me contou. Douglas disse: "Você não vai acreditar nisso! Foi engraçado! Eles estavam brigando ao telefone, e eu não pude deixar de ouvir. Ele disse: 'Pare! Me deixe em paz, sua japa velha e mal-humorada' e desligou o telefone!".

Ela foi persistente porque notou que o estava perdendo. Yoko tinha desperdiçado a relação e agora estava atrás de John! No começo, John até queria voltar, mas ela o rejeitou. Ele acabou construindo um relacionamento com May. E parecia estar muito feliz. Mas Yoko continuou ligando.

Fui embora de Los Angeles e voltei para casa. Yoko continuava ligando para Roy no estúdio, sempre atrás de John. Como meus filhos eram pequenos, eu não ia muito ao estúdio naquela época, mas Roy me ligava e dizia: "Meu Deus! Você não sabe o que está acontecendo!". Àquela altura, John e May moravam em Manhattan, os dois tinham um apartamento juntos, uma cobertura em Sutton Place, acho. E pareciam felizes. Yoko perseguia John constantemente, mas ele a evitava.

Uma noite, Roy me ligou do Record Plant: "Lori, você precisa me fazer um favor. Vou pedir para a Yoko ligar para você". Respondi: "Por quê?! Eu não quero falar com ela!". E ele disse: "Você não está entendendo! Ela está me ligando sem parar! Eu tenho coisas para fazer, tenho um estúdio para administrar, tenho coisas para gravar!". Perguntei: "Por que você não diz isso para ela?". Roy continuou: "Ela não está bem. Está de pé no parapeito do [edifício] Dakota, ameaçando...". Bem, ela não estava ameaçando, mas tinha dito para o Roy: "Eu estava no parapeito do Dakota e queria me matar".

Roy sabia que eu era meio espiritual, tenho vários livros sobre vodu, várias coisas malucas. Não que eu estivesse envolvida em alguma coisa de grande importância. Mas aprendi aquele truque em que você pega um anel, pendura em um cordão e usa como um pêndulo que vai e volta. Eu disse para o Roy que sabia fazer essas coisas e, pelo jeito, ele contou para Yoko. E ela queria saber se John voltaria para ela. Roy mandou ela me ligar. Eu estava em casa e não estava preparada para isso, para Yoko me ligar toda triste por causa de John, porque ele fez isso e aquilo. Ela estava muito doente, se sentindo péssima e [perguntando] se eu podia fazer aquela coisa, perguntar para o universo se John voltaria para ela. O que eu podia dizer? Respondi que sim. E não sei se cheguei a ligar de volta para ela.

Fiquei muito intimidada ao conversar com ela. Yoko não era uma pessoa a quem se podia ligar facilmente. E eu me senti estranha, aquilo não estava certo. Além do mais, eu gostava de May. E pensei: "Eu conheço Yoko". Ela estava perdendo John. Se estivesse bem com ele, por que estaria no parapeito do Dakota? Por que ela me ligaria para perguntar se John voltaria para ela? Ela precisava de algum tipo de garantia. Porque, naquela época, ele não a queria. E ela começou a persegui-lo de um jeito inacreditável.

Um dia, acho que ele estava indo ao show do Elton John. Era em Nova York, onde Lennon estava com May. Pelo jeito, Elton ligou para John e contou que Yoko era convidada dele ou algo assim. Os dois se encontraram nos bastidores. Eu não estava lá, mas o que eu sei é que, aparentemente, as coisas mudaram. Yoko ficou muito diferente, pareceu submissa. Mesmo quando eu falava com ela, Yoko não era mais aquela mulher indiferente, senhora de si, fria. Porque queria John de volta.

E Lennon, você conhece a história, ele perdeu a mãe quando era muito jovem. Na verdade, ele achava que a mãe estava morta e cresceu com essa ideia, mas foi só adolescente que ele soube que ela estava viva e morando perto. E aí, tragicamente, ela morreria quando ele tinha só 18 anos... John se sentia seguro com Yoko. Os dois tinham essa coisa. Ela era o tipo de mulher que sabia tudo. Até o que John queria comer. Ela lhe dizia: "Não, você não precisa daquilo. Coma isso". Yoko era como uma mãe. E ele se sentia muito seguro, dava para ver isso. Tudo era como ela dizia.

Enquanto isso, May fazia mais o tipo namorada. Acho que John era um pouco... Como posso dizer isso? Ele se tornou uma criança levada e não tinha mais controle. John perdeu o controle de si mesmo por causa da bebida. Então, na verdade, Yoko contribuiu para que ele se tornasse o que se tornou. Porque, em dado momento, imaginei que ele ficaria muito desanimado com o que estava acontecendo, ele estava metido em todo tipo de confusão, destruindo o apartamento das pessoas... Uma bagunça! E acho que Paul McCartney e algumas outras pessoas disseram para ele: "John, você devia ficar com a Yoko. Pelo menos ela ama você...". Não sei como foi, mas ele voltou ao apartamento uma noite para visitar Yoko e, pelo que entendi, nunca mais voltou para May.

6.
Dentro do Record Plant

Não sei como eu administrava o Record Plant, porque às oito da manhã tinha que assinar os cheques dos fornecedores e trabalhava até às quatro da manhã do outro dia dentro do estúdio. Talvez eu dormisse um pouco no escritório, voltando para casa às três ou às quatro. Você pode fazer isso quando é jovem. Tínhamos entre 25% e 35% de lucro no fim de cada ano.

Às vezes você vai a alguns estúdios que parecem tão certinhos quanto restaurantes de luxo. Acho que essa diferença em nosso trabalho dava aos músicos um sentimento de relaxamento, de leveza, porque, se você grava uma demo, não tem esse desejo de terminar num horário marcado. Eles costumavam me dizer que trabalhavam no estúdio da CBS e que lá não podiam comer nem fumar. No Record Plant, todo mundo fumava nos estúdios. Não maconha, pois drogas não eram permitidas ali. Eu até colocava um aviso, e ficava puto se visse algum dos assistentes fumando. Era caso de demissão.

Sabia que eles curtiam maconha, dava para ver nos olhos. Os músicos fumavam também, mas, como eu explicava aos engenheiros, não era permitido consumir drogas dentro do estúdio. Os engenheiros falavam para os músicos não usarem drogas, mas eles costumavam usar ali perto do ar-condicionado, o que era burrice, porque você faz aquele ar circular pelo estúdio todo.

De qualquer jeito, independentemente da proibição, eles já estavam drogados. Dava para saber quem usava maconha só de olhar nos olhos ou só de ver as pupilas dilatadas. Você acredita que eu não fumava? Mas eu bebia. Meu Deus, e como bebia.

Apesar de todas as inovações que criei, nunca tratei um artista como se fosse um deus. Eu os tratava com um código de comportamento simples: deixava clara minha intenção de extrair deles o melhor possível. E fazer minhas bruxarias tecnológicas para ajudá-los a chegar aonde jamais haviam chegado, nem em seus sonhos harmônicos mais tresloucados. Talvez por isso eu fosse considerado uma pessoa fria. Mas digamos que esse jeito me ajudou a dar ao artista mais liberdade. Eu não estava, como se diz no Brasil, pagando pau para nenhum ídolo do *showbizz*. Eles sabiam disso. Por isso ficavam mais à vontade comigo.

Mas, só para registrar, isso agora tem um preço. Eu ficava tão concentrado na música que pouco me importava com o que o artista vestia etc. Eu queria fazer o melhor e ponto final. O preço disso? Muitas percepções sobre o espírito de época do Record Plant com certeza não estão corretas em minhas memórias seletivas de engenheiro de som...

7.
Uma lembrança sobre os Rolling Stones

Estou em algum dia no fim dos anos 1980 em Nova York, com ninguém menos que Keith Richards, dos Rolling Stones. Nossos destinos se cruzaram no evento semanal Les Paul Show, do famoso guitarrista Les Paul, inventor da guitarra que leva seu nome. Teria sido ótimo se alguém tivesse filmado esse episódio com Keith Richards, que estava bem em minha frente à mesa. A mãe dele estava à sua esquerda, ou seja, à minha direita. Havia muito uísque rolando, Keith tinha muita resistência para a bebida, e a mãe dele também! Foi talvez o único momento em que pudemos relembrar da mixagem de "Brown Sugar", faixa que abre o disco *Sticky Fingers*, de 1971, e que foi gravada no estúdio Muscle Shoals, no Alabama, em dezembro de 1969. Ajudei a transformar o riff de guitarra naquilo que Keith queria de fato.

A música chegou como uma grande distorção em oito canais. Tentei limpar, mas Richards não gostou, então tive que refazer tudo para manter o som distorcido. Eu achava que, ao deixar a faixa mais limpa, faria a coisa preferida dos Stones, mas Keith estava certo; então, voltei atrás, e mixamos a distorção toda.

Nós mixamos o som no Record Plant, mas não gravamos lá. Os Rolling Stones não participavam do processo, apenas escutavam, eles usavam muito os vocais, coisas simples, nada de sons sobre sons, era assim que eles funcionavam...

Roy, John Lennon e Yoko Ono em 1980, posando diante do violão gigante que Lennon mandara fazer para ouvir o som por dentro.

Apple

MEMORANDUM

To: Date:

From: Subject:

Dear Roy   9/74

at longlast the money we owe you for the sound equipment you arranged & paid for here at IW72 thank you very much for doing it, and for waiting for the bread. love

Carta que John Lennon enviou a Roy em 1974, quando lhe devolveu o dinheiro emprestado dois anos antes.
"Querido Roy, segue finalmente o dinheiro que estávamos devendo a você pelo equipamento de som que você bancou para nós em 1972. Muito obrigado por ter feito isso, e por ter esperado pela grana. Com carinho, John."

Na página ao lado: O cheque enviado junto com a carta.

© arquivo pessoal

MR. J LENNON EXT̶E̶R̶N̶A̶L̶ ̶A̶C̶C̶O̶U̶N̶T̶   70-06-06

London jan 3 197✗

The Bank off Tokyo, Ltd.
INCORPORATED IN JAPAN

20-24, MOORGATE, LONDON, EC2R 6DH

Pay Roy Cicala _____ or Order

One Thousand One Hundred | £ 1,100 — 80 |

Pounds and Eighty pence

John Lennon

421251   45390-9

No topo: Roy Cicala, John Lennon e Yoko Ono durante gravação no Record Plant, em 1972.

Abaixo: Roy e John em outro momento, durante a mesma gravação.

RECORD PLANT STUDIOS
321 WEST 44th STREET, NEW YORK, N.Y. 10036 • (212) 581-6505

ARTISTS AND SHOWS RECORDED BY OUR MOBILE UNITS

AEROSMITH
THE ALLMAN BROTHERS
AVERAGE WHITE BAND
PATTI AUSTIN
CHET BAKER
THE BAND
BANGLADESH CONCERT
BEATLEMANIA
GILBERT BECAUD
GEORGE BENSON
DICKEY BETTS
BLACK SABBATH
BLOOD, SWEAT & TEARS
BLUE OYSTER CULT
JORGE BOLET
THE BOSTON POPS ORCHESTRA
DAVID BOWIE
JAMES BROWN
JACKSON BROWNE
BROWNSVILLE STATION
RAY CHARLES
CHEAP TRICK
CHICAGO
ERIC CLAPTON
CLIMAX BLUES BAND
ALICE COOPER
CRACK THE SKY
CROSBY, STILLS, NASH & YOUNG
BURTON CUMMINGS
AL DIMEOLA
JONATHAN EDWARDS
EMERSON, LAKE & PALMER
FOGHAT
FOREIGNER
FOTOMAKER
PETER FRAMPTON
ARETHA FRANKLIN

VIRGIL FOX
PETER GABRIEL
LEW GRADE TV SPECIAL
GRAND FUNK
THE GRATEFUL DEAD
HENRY GROSS
HALL & OATES
RICHIE HAVENS
HBO R & R REUNION
THE JACKSON FIVE
THE JAMES GANG
GARLAND JEFFREYS
J GEILS BAND
JETHRO TULL
BILLY JOEL
KANSAS
BB KING
KING BISCUIT FLOWER HOUR
KING CRIMSON
KISS
CLEO LAINE
JOHN LENNON & YOKO ONO
LOGGINS & MESSINA
THE MAHAVISHNU ORCHESTRA
MANASSAS
JOHN MAYALL
MEATLOAF
MELANIE
MODERN JAZZ QUARTET
VAN MORRISON
MOUNTAIN
MARIA MULDAUR
WILLY NELSON PICNIC
THE NEWPORT JAZZ FESTIVAL
NEW RIDERS OF THE PURPLE SAGE
THE NYC BALLET COMPANY
THE NYC METROPOLITAN OPERA

THE PHILADELPHIA ORCHESTRA
POCO
PROCTER & BERGMAN
JEAN-LUC PONTY
ELVIS PRESLEY
THE RAMONES
RARE EARTH
LOU REED
RENAISSANCE
THE ROLLING STONES
THE RUNAWAYS
TODD RUNDGREN & UTOPIA
SANTANA
WOODY SHAW/DEXTER GORDON
FRANK SINATRA
BRUCE SPRINGSTEEN
STEVEN STILLS
SLY AND THE FAMILY STONE
LIVINGSTON TAYLOR
JAMES TAYLOR
TEXAS JAM
ZZ TOP
ALAN TOUSSAINT
UNICEF TV SPECIAL
LOUDON WAINRIGHT III
WATKINS GLEN CONCERT
THE WHO
EDGAR WINTER
JOHNNY WINTER
WISHBONE ASH
WOLF TRAP CONCERT
BOBBY WOMACK
STEVIE WONDER
YES
NEIL YOUNG
FRANK ZAPPA

Em papel timbrado do Record Plant, lista de alguns dos artistas que gravaram no estúdio.

Foto feita do teto do estúdio A do Record Plant em Nova York, na década de 1970.

Da esq. para a dir.: Tom Jobim, Roy Cicala (em pé) e Jaques Morelenbaum (sentado), durante mixagem do disco *Passarim* no Record Plant, em 1987.

No topo: Apollo 9, Bob Gruen e Roy, durante evento em São Paulo, em 2012.
Abaixo: Roy, Supla e Gruen, em 2012.

Dedicatória de John Lennon a Roy na contracapa do disco *Double Fantasy*.

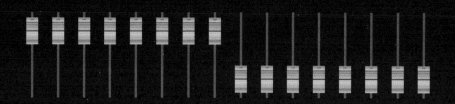

8.
Elis Regina e Wayne Shorter: o disco que não houve

Antes de morar definitivamente no Brasil, a partir de 2005, estive muitas vezes no país. A primeira foi em 1977, depois de meu primeiro divórcio. Eu queria relaxar e fiquei hospedado no Copacabana Palace, no Rio de Janeiro. A temporada durou uns três meses. Conheci figuras como Baby Consuelo – hoje Baby do Brasil –, Moraes Moreira, Billy Blanco... Algumas de minhas memórias esparsas são: Baby foi ao Record Plant e fez dois álbuns. Ela queria as fitas, mas eu não as entregaria sem antes receber, porque eram caras, 200 dólares por fita.

O advogado que trabalhava para a RCA ou a BMG me disse para lançar a fita, que a gravadora cuidaria do dinheiro. Confiei. As fitas foram lançadas, eles ficaram com tudo, e eu nunca vi o dinheiro.

A mistura que faziam na época com o rock brasileiro era excelente, mas algo aconteceu: Baby não estava com seu marido na época, Pepeu Gomes, estava com outro guitarrista, que não gostava de nada que eu fazia, talvez por ciúmes ou ego. Então, tudo foi finalizado como ele queria. Como me recusei a trabalhar como ele exigia, ele mesmo acabou fazendo tudo.

Mas a grande estrela brasileira ainda surgiria em minha vida... Elis Regina. Recebi um telefonema em 1981 e fui para o Rio de Janeiro gravar com ela, levando comigo o saxofonista Wayne Shorter e o baterista Andy Newmark.

Newmark já tinha gravado com Carly Simon, George Benson, George Harrison e Eric Clapton e viria a gravar com Pink Floyd e B. B. King; em 1980, um ano antes da viagem ao Brasil, tinha gravado as baterias para o último álbum de John Lennon, *Double Fantasy*. Wayne Shorter era outro fera. Tocou com Art Blakey no fim dos anos 1950 e com Miles Davis alguns anos depois. E, de 1971 a 1985, tocou no Weather Report – ou seja, estava na banda quando foi ao Brasil.

> Elis Regina estava separada de César Camargo Mariano nessa época, mas pouco a pouco foi se reaproximando do ex-marido. César participou da gravação do especial de Gal Costa com Elis para a série *Grandes Nomes*, da TV Globo, e, mais adiante, dos primeiros ensaios para o show *Trem Azul*. Foi assim que ele foi parar no projeto do disco com Wayne.
>
> Segundo o livro *Furacão Elis* (1982), de Regina Echeverria, Wayne veio ao Brasil para gravar com Elis, e um desentendimento entre César Camargo Mariano, ela e Wayne Shorter teria dado fim ao projeto. – C.T.

Vou contar do que me lembro: gravamos Elis, Wayne Shorter e César no estúdio da Som Livre – e foi ótimo. As sessões seguiam brilhantemente bem. De repente, do nada, Wayne escreveu uma música, mas o marido de Elis não quis tocá-la, e os outros dois queriam tocar a música de Wayne. Eles começaram a discutir no estúdio. Houve um incidente: Wayne corrigiu um acorde que Mariano tocou, apontando uma nota errada. César foi para cima dele, e tivemos que apartar a briga. Wayne baixou a cabeça. Ali tudo acabou. É uma pena, porque o álbum nunca foi concluído.

Voltando à Elis, acho que o trabalho com Wayne Shorter era algo que ela queria ter feito há muito tempo. Ele era bem famoso, assim como seu grupo, e ela amava seu jeito de tocar, seu tipo de música. Acho que Elis queria aquilo, mas não acredito que o mesmo possa ser dito do marido dela. César Camargo Mariano era meio negativo em relação a seguir os passos e os arranjos de Wayne.

Por conta desses desentendimentos, Wayne não teve nem tempo de tocar saxofone. Como havia os teclados, o vocal de Elis, a bateria, sempre voltávamos para fazer os *overdubs*, ou seja, o vocal e o teclado separados. Mas a merda foi jogada no ventilador, e Wayne não chegou a encostar no saxofone. Nunca fizemos as gravações. Em minha opinião, se esse conflito não foi 100% do problema, foi, pelo menos, 90%.

Teria sido um álbum de jazz americano com muita música brasileira, porque era o tipo de obra que o baterista queria – na verdade, mais ou menos americano, porque tínhamos baixo e bateria. Não lembro o nome do baixista, mas era um brasileiro, e ele realmente incorporou a América Central, então tínhamos ambos os caminhos. Gravamos o baixo, que está em algum lugar, e alguns vocais da Elis, que não sei, talvez ainda estejam disponíveis. Teria sido um álbum de jazz com um tempero brasileiro, um pouco diferente do jazz americano; eram músicas brasileiras, a maioria ganhou os arranjos para tal.

Sobre a voz de Elis Regina, bem, nunca ouvi voz como aquela. Não ficava fora do tom, estava sempre no ponto, era inacreditável. É difícil dizer isso, porque sou minucioso para esse tipo de coisa, mas, para mim, a voz de Elis era como um instrumento de Deus. Nunca ouvi uma nota desafinada, fora do tom, nunca. Elis era única.

Quando terminávamos as sessões, íamos para o bar. Ela era boa de copo, eu não conseguia acompanhá-la, e olha que eu gostava de uísque! A filha de Elis ia junto, ainda bem garotinha: hoje ela é uma cantora famosa, a Maria Rita. Isso é incrível. As luzes mudaram, e aquela garotinha desconhecida aos seus 4 ou 5 anos de idade hoje é uma cantora monstruosa.

No estúdio, achei que Elis estava bem perturbada. Acredito que havia um pequeno conflito acontecendo. Ela era um pouco negativa quando falava, talvez estivesse guardando coisas, não sei.

Na época, a gravadora Columbia, que tinha todos os artistas bons – ao contrário da CBS –, teve a ideia de fazer o projeto. Eram eles que gastavam todo o dinheiro, e teria sido um lançamento internacional. Teria sido maravilhoso se a gravação houvesse acontecido. Hoje é possível fazer mágica mixando coisas, não importa se estão boas ou ruins, você pode fazê-las soar bem. Eu amaria retomar esse projeto, faria minha memória voltar, meu cabelo ficar preto novamente.

Onde estão as fitas? Os únicos lugares em que consigo pensar são: com a Som Livre, com o marido de Elis ou com ela própria. Eu poderia perguntar ao filho dela, é possível que estejam com ele. Talvez estejam com outro envolvido, como o João Roberto Marinho, tão próximo da Elis.

No fim, pena que Wayne Shorter não conseguiu gravar com ela, porque ele era um grande fã. Acho que ele passou a viagem toda, desde a Califórnia, falando dela. Shorter vivia em Hollywood; eu, em Nova York; e Andy Newmark saiu das Bermudas. Newmark ficou no Brasil por seis meses. Foi apresentado ao cantor Lobão (que eu carinhosamente chamo de "Leblon") por Patrick Moraz, tecladista da banda progressiva Yes. Newmark morou na casa do

Lobão, na estrada do Joá, no Rio de Janeiro, e acabou namorando Danuza Leão. Pelo menos para Andy o episódio Elis-Wayne teve um final feliz. Felicíssimo!

9.
João Roberto Marinho quis um Record Plant

No começo dos anos 1980, João Roberto Marinho, terceiro dos quatro filhos de Roberto Marinho, era o responsável pela gravadora Som Livre. Ele é um sujeito muito animado, e sempre gostei muito dele. Eu costumava chamá-lo de Júnior. Saímos algumas vezes; ele ia para o estúdio de vez em quando enquanto estávamos gravando a Elis. Na verdade, ele e o pai queriam construir um Record Plant no Brasil.

O que aconteceu foi que, um tempo depois, Roberto Marinho, pai dele, foi aos Estados Unidos com seus advogados, e nós nos sentamos no ambiente de mixagem do Record Plant em Nova York, no número 321 da West 44th Street (onde ainda é possível ver a sala). Ele foi lá para discutir as principais questões sobre construir um Record Plant no Rio de Janeiro.

Comecei a cogitar uma mudança para o Brasil – eles me dariam tudo, todo o dinheiro para construir um estúdio com as especificações do Record Plant. Fui ao Rio uma ou duas semanas depois e tive uma reunião com Roberto, João Roberto e não sei mais quantos advogados. Foi incrível. Fui muito franco, muito sincero. Ficou combinado que daríamos a base, e minha primeira pergunta foi como iríamos custear aquilo.

Perguntei o que eles ganhariam com aquilo e o que eu ganharia. "Talvez 5%." Respondi: "Como? Vocês querem que eu passe meus últimos 20 anos supervisionando o prédio de um estúdio e vão me dar 5%?". "Sim, a Globo não pode oferecer mais que isso." Não sei se essas foram as palavras exatas, mas era essa a mensagem. Então, agradeci, disse que tinha sido um prazer conhecê-los. Ele disse que tudo bem. Fui embora com Júnior. Foi o fim dessa história.

Teria sido o Record Plant da América do Sul. O plano era chamá-lo de Record Plant South. Era o que a Globo queria, mas eu não estava feliz com isso. Havia muito trabalho para aqueles 5%. Fiquei um pouco no Rio e depois voltei para os Estados Unidos.

10.
Meu casamento com uma das panteras

Quero falar agora de uma das paixões que tive na vida, uma mulher que foi muito famosa no Brasil: Kate Jackson, atriz que estrelou a série *As panteras*. Kate era alta, olhar aquilino, rosto quadrado, expressão determinada. Foi nomeada três vezes ao Emmy e quatro ao Globo de Ouro!

Antes de nos relacionarmos, Kate já havia se casado três vezes. Primeiro com Andrew Stevens, ator e produtor, em 1978. A relação deles durou quatro anos. Depois veio o casamento com o roteirista David Greenwalt, que duraria dois anos, e então com o dublê Tom Hart, em 1991. Deste, divorciou-se dois anos mais tarde. Em 1995, Kate adotou um menino, Charles Taylor Jackson – e foi por causa de Taylor que entrei na vida dela... Eu adorava aquele garoto, ele era maravilhoso.

Esse meu segundo casamento não foi de fato um casamento, nós meio que não estávamos mergulhados na relação. Mas durou uns cinco anos. Poderia ter sido pior. Ela é meio louca... *(Risos.)*

Kate era uma pessoa muito difícil e passava a maior parte do tempo literalmente sedada. Ela tinha três médicos, saía de um e ia para o outro, pegava a mesma receita. Eu chamava aquilo de Vale das Bonecas, por causa do filme de mesmo nome, de 1967, aquele estrelado por Sharon Tate. Nos Estados Unidos, "bonecas" podia ser uma alusão a antidepressivos, barbitúricos e soníferos. Diz tudo, não? É que em Hollywood os médicos costumam sedar as pacientes, e as pacientes vão de médico em médico emendando uma receita na outra! Fora isso, passávamos um tempo (ou um dia) bom juntos e acho que compensava o resto. Que loucura.

Como nos conhecemos? Bem, no início dos anos 2000, eu estava fazendo um álbum com o grupo Ego Winter no Studio 56, que costumava se chamar Radio Recorders, onde Elvis e Led Zeppelin tinham gravado. Um dia, entraram uma moça e seu filho, o qual estava sangrando e chorando – eram Kate e Taylor. Ele tinha caído e quebrado um dos dentes da frente.

Por algum motivo, o garoto olhou para mim e abriu os braços, mesmo sem nunca ter me visto. Taylor correu em minha direção, e eu o peguei no colo e o abracei enquanto ele estava naquela dor, naquele drama. Acho que foi assim que comecei minha relação com Kate. Passei a sair com ela, sem saber das circunstâncias. Naquela época, Kate estava trabalhando em *A Mother's Testimony*, um filme bem pequeno.

Quando esse meu segundo casamento terminou – bem, considerando casamento quando as pessoas estão juntas –, estávamos com raiva, ela estava com muita raiva de mim. Um dia eu tive que desabafar com todos os médicos. "Posso beber e ficar bêbado, mas no dia seguinte estou bem, não preciso beber novamente…"

Ela estava sob cuidados médicos, e fiquei tão chocado com tudo aquilo que saí e comprei um *motorhome*, que no Brasil se chama trailer. Estacionei na frente da nossa casa, ela saiu, peguei todas as minhas coisas. Foi uma cena e tanto, sabe? Isso aconteceu no fim de 2004, porque em 2005 eu já estava no Brasil.

Fui com o *motorhome* para Las Vegas e passei uns quatro meses lá sem fazer praticamente nada. Na verdade, construí um novo estúdio para um amigo que tinha uma loja de música na cidade. Foi uma situação engraçada, porque era um trabalho sem remuneração. Eu só precisava manter minha mente ocupada, acho.

Depois, eu me mudei para o Brasil. Estacionei o *motorhome* numa MotorCorp, que custava bem barato. Vim para o Brasil, pois tenho uma filha aqui; resolvi vê-la e meio que cuidar dela. Na época, ela tinha 17 anos. A mãe da minha filha é uma brasileira de ascendência italiana que conheci numa festa do Record Plant em Nova York no início dos anos 1990. Costumávamos dar festas no estúdio todo ano, eventos grandes com centenas de pessoas.

Vou parar e fazer um balanço rápido da minha vida.

Alcancei o estrelato gravando de Frank Sinatra – no início da minha carreira no A&R, com Phil Ramone – a Rolling Stones, já no Record Plant. Vinte anos depois, estava vivendo um sonho: casa na praia, mansão em Hollywood com minha esposa Kate, uma das panteras... Eu também era dono de alguns dos carros mais disputados dos Estados Unidos, como um Pantera, que só era produzido sob encomenda, e um Rolls-Royce Silver Shadow, aquele com um conjunto de caixas de 12 polegadas que recebiam o som de uma rádio particular que eu tinha criado. Eu andava nesse carro com gente como John Lennon, punha o som no último volume e mostrava ao cliente como sua música seria ouvida em todas as rádios do mundo.

Paro para pensar em MP3, mídias sociais, download. Creio que, se estivesse vivo hoje, considerando seu caráter experimental e inovador, Jimi Hendrix seria DJ.

PARTE 2
DEPOIMENTOS

PARTE 2

DEPOSITÁRIOS

11.
Claudio Celso
viu tudo

Existe um guitarrista brasileiro muito celebrado nos Estados Unidos chamado Claudio Celso. Ele viu coisas jamais vistas por outro brasileiro... Por isso o convoquei para o depoimento que se segue.

Cheguei a Nova York para viver de música em 1978, recém-casado com uma americana da Califórnia, onde eu tinha passado meus primeiros meses no país com a responsabilidade de sustentar a nós dois naquela metrópole imensa e concorrida – e com o agravante de ter sido totalmente reprovado pela família dela. "Imagine que loucura, Roseanne se casou com um garoto de 23 anos, músico, estrangeiro recém-chegado, imigrante latino-americano, que vai levá-la para Nova York. Quero ver como é que ele vai se arranjar", diziam os amigos e a família dela.

A pressão era enorme, e eu, cheio de medos e inseguranças, fingia otimismo, porque não podia demonstrar fragilidade. Lá estava eu, na temida Nova York. Meu Deus, como vou fazer? Nem inglês falo direito, aqui na Big Apple, onde só sobrevivem os melhores músicos de jazz do mundo! Miles Davis, John McLaughlin, Buddy Rich, Art Blakey, Ron Carter, George Benson, Al Jarreau. Enfim, era muita areia para meu caminhão – ao menos era isso que eu pensava, ainda que não externasse.

Minha primeira tentativa de trabalho foi um desastre total. Fui a uma *jam session* em que você pagava dois dólares e tinha direito a tocar três músicas. Na entrada, você deixava o dinheiro, escrevia seu nome e dizia qual instrumento tocava. Os dados eram passados para o líder da *jam session*, que chamava todo mundo por ordem de chegada. Os músicos subiam ao palco, onde já havia um *real book* – um caderno ou pasta contendo a partitura de diversas composições de jazz –, e o líder avisava: página 23, página 98. Os músicos eram fantásticos, um melhor que o outro. Vendo o nível do que estava rolando, me apavorei – fiquei com tanto medo que, quando chamaram meu nome, me escondi, me fingi de morto e fugi dali o mais rápido possível. Quando cheguei em casa, Roseanne, que me esperava ansiosa, perguntou: "E então, foi tudo bem? Você conheceu alguém? Arrumou algum lugar para tocar?". Eu respondi: "Foi muito bom, mas ainda não arrumei nada. Sabe como é, demora um pouco". Fui dormir pensando na letra de "New York, New York": *"If I can make it there, I'll make it anywhere"* [Se eu conseguir me dar bem lá, me dou bem em qualquer lugar].

Eu me senti um verme! Meu Deus, que medo. No entanto, sabia que precisava reagir, pois já tinha assumido responsabilidades demais para voltar atrás. Afinal, eu era um homem ou um rato?

Deixei a poeira abaixar e, finalmente, reagi. Pela publicação *The Village Voice*, soube onde haveria outra *jam session*. Bem, lá fui eu. Dessa vez, criei coragem, subi ao palco e descobri que não era difícil. Muito pelo contrário, era mais fácil tocar com bons músicos que com aprendizes. A cada nota que eu tocava, o pianista fazia o acorde mais lindo que eu já tinha ouvido, o baixista tocava a nota de apoio mais sensacional, e meu som ficava lindo, a ponto de eu pensar: "Puxa, sou eu mesmo quem está tocando?".

96 A porta mágica

No intervalo, vários músicos pediram meu cartão (coisa que obviamente eu ainda não tinha), e me senti aprovado por todos, principalmente pelo baixista Wayne Dockery, que já tinha tocado com John Coltrane, algo que eu não sabia ainda. Só vim a saber meses mais tarde. Naquele momento, para mim, Dockery era muito simpático, uma pessoa boa e agradável, tanto que me convidou para uma canja com ele no dia seguinte num bar chamado The Tin Palace, no East Village, área pobre na época, cheia de mendigos, meio barra-pesada. Lá chegando, Wayne logo fez sinal para que eu subisse ao palco e tocasse. Afinei a guitarra, e, ao subir, já me deram um solo. Todos sorriram para mim em sinal de aprovação. A música estava muito boa, o ambiente, muito agradável, todos se mostraram simpáticos e animados. A única coisa diferente para mim era que 90% das pessoas eram negras – o que, no fundo, era de se esperar; afinal, era um bar de jazz nos Estados Unidos.

A noite foi ótima, fiz um monte de amigos e arrumei vários admiradores, a começar pelos próprios músicos, que me convidaram a voltar no dia seguinte, e no outro, e no outro, e assim por diante. Passei a fazer parte da turma. Cecil, Billy, Wayne, Dexter, Tom. "Que turma legal, esses caras são gente finíssima", eu pensava comigo. Toquei no bar todas as noites por duas semanas consecutivas e passei a conhecer um monte de bons músicos. Fiz amizade com Charlie, um senhor bem legal que passou a ir a minha casa durante o dia levando frango e vinho. Enfim, eram meus novos amigos do peito.

Um dia, recebi o telefonema de um músico brasileiro que morava em Nova York fazia muitos anos, o Aloisio Aguiar (grande pianista e uma figura!). Ele disse: "Estou impressionado com você, Claudio!". Perguntei: "Ora, por quê?". "Você mal chegou a Nova York e já está tocando com os maiores nomes do jazz, Cecil Taylor, Charlie Rouse, Billy Hart, Tom Harrell!" Foi então que descobri que aqueles meus novos amigos, com quem eu convivia diariamente fazia duas semanas, na realidade eram meus ídolos, os maiores músicos de jazz do mundo. Aqueles nomes que eu cresci lendo na capa dos discos de meu pai desde criança, mas cujo rosto eu nunca tinha visto. Concluí que, sem querer, eu tinha caído de paraquedas na nata do jazz de Nova York, e, se eu soubesse que meu novo amigo Dexter, tão gente fina, na realidade era Dexter Gordon, e que Cecil, aquele cara superengraçado, sempre nos fazendo rir com palhaçadas, era Cecil Taylor, ou que Tom, sempre quieto e tímido, era Tom Harrell, e que Freddie, o malandro, era Freddie Hubbard – se eu soubesse disso tudo, eu jamais teria conseguido tocar. Não teria a audácia de subir num palco com músicos tão famosos e geniais! Mas... tarde demais... eu já fazia parte da família do jazz havia duas semanas. Foi assim que consegui: por sorte, por pura ignorância, por não saber onde nem com quem eu estava me metendo!

Moral da história, a pressão vem de dentro, do que sua cabeça pensa e do quanto você valoriza aquilo!

Na época, por pura inocência, não me dei conta do preconceito racial que existia no jazz por parte dos negros em relação aos brancos. Sendo eu brasileiro, achava que tocar com negros era normal – afinal, o jazz é um estilo musical que nasceu entre a raça negra em New Orleans e se espalhou pelo mundo, principalmente em Nova York. Nos Estados Unidos, existe um ditado: o jazz nasceu em New Orleans, mas cresceu e se criou em Nova York. Então, estar em Nova York tocando com os negros e fazer parte da família do jazz para mim era a coisa mais normal do mundo, muito em função da nossa relação fora do palco, do nosso senso de humor. Os brasileiros se assemelham muito aos negros americanos – as brincadeiras, os comentários, as piadinhas são praticamente as mesmas.

Eu me lembro de uma noite em específico, naquelas primeiras duas semanas, quando eu ainda não sabia onde estava. No famoso momento em que o líder da banda apresenta os músicos e fala os nomes ao microfone, fui apresentado como "Claudio Celso, do Brasil". Mas aí Walter Booker (que mais tarde seria como um pai para mim) se levantou na plateia e gritou: "Mentira! Esse cara é negro e vem do Harlem, ele comprou esse disfarce de branco!". A gargalhada foi geral.

Com o tempo, fiquei sabendo que apenas um punhado de músicos brancos tinha tido permissão de subir ao palco do The Tin Palace, frequentado pelos ícones do jazz, porque o dono só aceitava negros tocando no estabelecimento!

No verão de 1982, em Nova York, uma grande chance apareceu em minha vida. Philipe Neiva – saxofonista, flautista e hoje grande produtor e dono dos estúdios Mega – me ligou com uma proposta irrecusável: gravarmos uma fita demo de graça no templo do rock: The Record Plant Studios. Era lá que John Lennon havia gravado seus discos, e foi o último lugar onde esteve antes de ser assassinado. O famoso álbum *The Concert for Bangladesh*, de George Harrison, tinha sido gravado pela unidade móvel do Record Plant. Discos de Miles Davis, Bob Dylan, Aerosmith, Jimi Hendrix, Peter Frampton, Don McLean, Ozzy Osbourne, Kiss e todos os álbuns mais famosos da história do rock tinham sido gravados lá. E, ainda por cima, seríamos gravados pelo famoso Roy Cicala, que, além de dono, tinha sido o melhor amigo de John Lennon e Yoko Ono.

Aquilo realmente me animou, porque na época eu tinha um projeto de rock com o baterista Manny Monteiro, com Ricky Davis no baixo e, na segunda guitarra e nos vocais, um holandês louco chamado Heiss, que tocava guitarra base para Alice Cooper. Incluímos Philipe Neiva no sax e na flauta, e ele fez a conexão com o estúdio. Fomos para o Record Plant, e Roy Cicala nos cedeu o último andar para ensaiarmos por uma semana. Dividimos o espaço com o Kiss. Nunca tínhamos visto Roy.

Fazia três dias que estávamos ensaiando intensamente, e o cara ainda não tinha aparecido. Até que, numa noite, um senhor muito bem-vestido, com pinta de chefão da máfia cercado de capangas e assessores, apareceu por lá. Era o grande Roy Cicala, o poderoso! Ele apenas nos cumprimentou e logo desapareceu. Passados cinco minutos, um de seus capangas me chamou – Roy queria falar comigo. Nervoso, lá fui eu. Entrei num escritório muito bem decorado, e ele me recebeu de maneira um tanto estranha, direto ao assunto, sem rodeios. "Você é o capitão deste navio?", ele me perguntou. Respondi que sim. "Pois eu não gosto de seus marujos, mas gostei de você", disparou. Em seguida, perguntou se eu conseguia montar outra banda. Eu disse que sim. "Muito bem então, boa noite!" Antes de sair, ele falou para manter o Philipe. Eu me retirei e tive que dar a má noticia a meus amigos. Isso aconteceu às duas da manhã.

Às sete da manhã do dia seguinte, ou seja, cinco horas mais tarde, o telefone tocou em minha casa. Eu estava dormindo. Escutei a voz de Roy Cicala, bem intensa, sem dizer bom-dia nem quem estava falando: "Quer vencer na vida? Esteja com uma banda nova ao meio-dia no estúdio A do Record Plant. Você consegue?". Eu disse que sim, e ele desligou sem dizer nada, seco!

Aquilo me deixou louco. Sete da manhã... Como eu ia formar uma banda até o meio-dia? Liguei para o Philipe, que ficou animado e nervoso. "Já sei", ele disse. Pegamos um baixista no jornal de música, que em geral tem aquela seção "baixista de rock procura banda"! "Você está louco. E se o cara for péssimo?", perguntei. "É melhor que nada", ele respondeu. "Tá bom, você procura um que tenha um bom currículo, enquanto tento falar com meu amigo Payton Crossley, baterista." Em dez minutos, tínhamos o time, mas não poderíamos nos atrasar, e a gravação era ao meio-dia. Que música íamos gravar? Bom, àquela altura do campeonato, valia tudo!

Onze da manhã, nada de Payton, que não atendia ao telefone e já deveria ter chegado à minha casa. Onze e meia, e nada dele... Philipe estava totalmente neurótico: "Vamos perder a chance, Claudio", ele gritava, desesperado! Onze horas e 45 minutos, Payton aparece, sorrindo, tranquilo. Pulamos no carro de Philipe, que dirigiu como numa perseguição de filme de ação, passando por cima de calçadas a toda velocidade, desesperado, não sei como nenhuma viatura de polícia nos parou.

Quando chegamos ao Record Plant, um engenheiro de som, Tom Swift, nos recebeu na calçada e disse: "Podem voltar, vocês estão 12 minutos atrasados. Mick Jagger chega com uma hora de antecedência para gravar com Roy Cicala, e vocês o esnobaram, acabou pra vocês, já era!". Eu não me conformei e entrei no estúdio mesmo assim. Foi aí que me dei conta da grande produção: cinco técnicos, vários amplificadores, microfones, biombos acústicos, três baterias diferentes montadas, um monte de gente preparando a grande gravação, algo que nunca imaginei existir. Fiquei chocado com o poderio tecnológico, parecia que estávamos na Nasa antes do lançamento do ônibus espacial! Fui tirando minha guitarra do estojo e a ligando, sem dar bola para o que tinha ouvido de Tom Swift na calçada. Os técnicos falavam que não adiantava mais, Roy não ia descer. Fui irreverente e malcriado, mas não podia perder aquela chance.

Payton e o baixista seguiram meus passos, comecei a tocar algo em mi maior, um riff que se repetia, e eles começaram com um ritmo por cima, estava soando bem... De repente, vi pelo vidro Roy entrar na sala de controle e segui tocando com a banda. Foi quando escutamos a voz de Roy pelo fone de ouvido dizendo: "Fantástico, sejam sexy agora, porque vamos gravar!".

Virei para o Philipe, e nossos olhares diziam "conseguimos, conseguimos!". A música foi fluindo por seis horas seguidas, eu apresentava temas que já tinha composto, mas que ainda não tinham letra, apenas ideias instrumentais. Roy foi se animando cada vez mais, a ponto de me agradecer por curá-lo do luto de seu amigo John Lennon. Fazia dois anos que Roy não gravava ninguém, ainda traumatizado pela morte de John. Ele foi a última pessoa a falar com John Lennon, além do motorista de táxi que o pegou na porta do Record Plant.

Naquele dia, saímos do estúdio com quatro músicas gravadas, e o som era incrível. Emocionado, Roy me abraçou e disse: "Amanhã, ao meio-dia!".

Quando cheguei às 11 da manhã no dia seguinte, com uma hora de antecedência, como Mick Jagger, peguei o elevador com Bob Dylan. Só eu e ele por dez andares, em silêncio, até que a porta do elevador se abriu. Steven Tyler, vocalista do Aerosmith, estava jogando *Pac-Man* com o guitarrista Joe Perry. Bem nesse momento, Cyndi Lauper passou para pegar um café nessa sala de estar, que tinha videogame, máquina de café, sofás confortáveis como num *lounge*, todos os discos de ouro que tinham sido gravados lá – era o verdadeiro vaticano do rock e do pop. Todos aqueles discos na parede tinham feito parte de minha juventude no Brasil, e todas aquelas estrelas do rock, juntas ali...

Para um jovem brasileiro imigrante, parecia uma mistura de filme de ficção com delírio, miragem. O Kiss estava socializando com todos, e eu me sentia deslumbrado. Era um sonho de estrela do rock: lá estava eu, com os maiores nomes da música pop e do rock, e Roy me apresentou a eles como um grande músico do Brasil. Todos se interessaram e me fizeram perguntas; ficamos batendo papo, foi incrível. Internamente, eu queria gritar para o mundo inteiro escutar, como Leonardo di Caprio em *Titanic*, "*I'm the king of the world*", mas, por fora, mantive a calma e agi como se aquilo fosse meu dia a dia, minha rotina. Essa era minha nova vida, graças a Philipe Neiva, grande articulador.

Começamos o segundo dia de maneira mágica: tudo o que eu tocava, o baixista Ron Bresinsky (que Philipe encontrara por uma revistinha gratuita de lojas de instrumentos musicais) e Payton Crossley (que já era meu velho companheiro do jazz) completavam com poderes músico-telepáticos. Tínhamos nascido uns para os outros, éramos os três mosqueteiros da música, a magia estava no ar. E todos ao redor sentiam. Foi nesse segundo dia que, ao escutarmos algo que tínhamos acabado de criar, olhei para Roy e vi que ele estava emocionado, com lágrimas nos olhos. Ele me falou: "Meu Deus, Claudio, vamos ser os próximos Beatles!". "Nós, ele falou, nós?!?", pensei. "Vamos em frente", ele disse, "isso é sucesso mundial garantido, só precisamos do cantor certo".

E, mais uma vez, a magia provou estar no ar. Philipe conheceu Kim Milford, cantor, compositor e letrista de primeiríssima linha. Kim já tinha cantado e atuado em *Hair*, *The Rocky Horror Picture Show*, tinha interpretado Jesus na primeira turnê de *Jesus Christ Super Star* e feito parte da banda de Jeff Beck. Aliás, a canção "Superstition" foi composta para Kim por Stevie Wonder, que deu a exclusividade de gravação para a banda de Jeff Beck gravá-la, como presente... Mas o empresário-produtor deles era racista e os proibiu de gravar a música de um negro, então o próprio Stevie Wonder a gravou. A faixa se tornou sucesso internacional na vasta lista de *hits* do compositor, cantor, pianista e baterista que, no fundo, era o mentor musical de Kim Milford, meu novo parceiro de composições.

Que conexão musical nós dois tínhamos! Era telepatia misturada com carma de vidas passadas, tantas coincidências musicais não eram possíveis; antigas ideias minhas que nunca haviam se materializado em canções coincidiam com antigas letras dele que nunca tinham encontrado uma sequência de acordes e melodia para se tornarem canções! Foi um encontro cármico, parecia que nos conhecíamos fazia anos, éramos como irmãos, logo viramos Batman e Robin, melhores amigos. Kim tinha pinta de artista, era bonitão, as mulheres o achavam lindo, tudo estava no devido lugar. Roy não poderia estar mais empolgado. A composição acontecia dentro do estúdio, em minutos uma linda música era criada na frente de todos os presentes.

Em questão de dias, viramos fofoca dos bastidores do mundo do rock! Yoko Ono escutou e se empolgou tanto que queria nos oferecer uma composição perdida de John Lennon, algo que ele nunca havia gravado ("The Lost Song of John Lennon"). Roberta Flack fez uma participação especial no nosso disco e gravou uma música nossa ao lado de Kim. Roy financiava nossa vida, não precisávamos mais trabalhar com outros artistas ou músicos de jazz, andávamos de limusine, comíamos nos restaurantes mais caros de Nova York, frequentávamos festas com Madonna e The Police. Cyndi Lauper gostou tanto de nossa música que nos pediu para compor uma canção para ela e nos convidou para vê-la gravar. Foi incrível! Nos fins de semana, andávamos no iate do Roy, tínhamos as chaves do Record Plant, éramos os protegidos queridinhos de Roy Cicala. Muitas vezes, enquanto gravávamos, víamos, pelo vidro do estúdio, dançarinas com os peitos de fora. Se não errássemos, como prêmio, faríamos sexo com elas!

A vida tinha tomado um rumo incrível para um jovem imigrante de 27 anos. O disco estava quase pronto, e Roy já havia recebido várias propostas das principais gravadoras, oferecendo verdadeiras fortunas de adiantamento e verba de divulgação. Estava na hora de escolhermos o empresário, porque o sistema de som seria o mesmo utilizado pela banda The Police, já tínhamos negociado isso. O empresário que Roy sugeriu era uma figura saída de um filme de Hollywood. Seu nome era Don Seat, um homem de 80 anos que, em sua primeira aparição, fez a curva da esquina do estúdio a 80 quilômetros por hora, derrapando e cantando pneu, com um Porsche. Ele deu uma freada brusca, como Tom Cruise em *Missão impossível*. Quando abriu a porta, suas primeiras palavras foram: "Três horas de Chicago a Nova York!". Na sequência, ele disse: "Olha, precisa ser heavy metal, ha, ha, ha...". Era um perfeito *playboy* de 80 anos, um roqueiro doido. Depois, quando conversamos, ele contou quem tinha sido na juventude: o pianista particular de Al Capone. Isso mesmo! O velho tinha mais histórias para contar que Matusalém! O homem dominava os Estados Unidos nas arenas de rock, era *o cara*.

Tudo pronto para nos tornarmos a próxima banda de rock famosa. Roy estava mixando a última música quando Philipe se deu conta de que sua carteira tinha sumido do estúdio. Todo mundo ajudou a procurar. Mas onde poderia estar a carteira com um monte de dinheiro? Ninguém tinha entrado no estúdio, só nós estávamos lá, mixando havia horas. De repente, Kim começou a chorar e confessou ser o ladrão da carteira. Ele puxou a manga comprida da camiseta e mostrou pela primeira vez em sete meses seus braços totalmente infectados e furados por picadas de heroína. Ele chorava desesperado, pedia perdão e dizia: "Sou viciado, sou um *junkie*! Roubei para comprar uma dose!".

Imediatamente, Roy Cicala desligou tudo no estúdio. Furioso e revoltado, ele falou: "Fora daqui, nunca mais quero ver a cara de vocês, não aguento mais esse mundo artístico, fora, rua!".

O sonho tinha acabado. Eu caminhava pela 42th Street chorando como uma criança. Todos me olhavam, mas eu não estava nem aí, chorava escandalosamente pelas ruas de Manhattan. Minha vida e a de todos nós, nosso sonho, todos os meses de trabalho, tudo, tudo destruído em cinco minutos pelas drogas!

Hoje sou guitarrista e músico de estúdio – aliás, modéstia à parte, bem reconhecido pela mídia nova-iorquina – e não sei o que teria acontecido se Roy tivesse nos lançado naquele ano. Mas sou eternamente grato a ele por tudo que me ofereceu durante a gravação. Ele realmente era um mestre.

12.
David Thoener, ex-assistente de Roy

Outro convidado a depor a este livro: meu ex-assistente, que sabe de tudo como ninguém...

Faz 39 anos que sou engenheiro de som, produtor e mixador. Aerosmith, John Mellencamp, Santana, John Waite, Matchbox Twenty, Sugarland, Brooks and Dunn, Billy Squier, AC/DC e David Bowie são apenas alguns dos mais de 400 grupos com que já trabalhei. E devo tudo a Roy Cicala.

Trabalhar no Record Plant era como ser aceito em Harvard ou Yale. Foi um dos estúdios de gravação mais respeitados do mundo. Se você trabalhava no Record Plant, todas as portas se abriam. Viajei o mundo da década de 1970 até 2012, e todos conheciam o Record Plant.

O treinamento lá foi muito difícil no começo. As coisas só davam certo se você estivesse disposto a trabalhar até 24 horas por dia ou, às vezes, 30 dias sem parar.

O maior compromisso dos estúdios era com o cliente. Se algum deles tinha problemas técnicos, a equipe técnica chegava na sala em questão de minutos para resolvê-lo. Dia e noite. Sei que, em outros estúdios, o cliente tinha sorte se algo acontecesse e alguém aparecesse para consertar em menos de duas horas!

Trabalhar como assistente para os engenheiros da equipe era difícil às vezes. Erros não eram tolerados, e bastava um ou dois equívocos para você ser desligado de tudo.

Roy era extremamente generoso e pagava nosso salário de 40 horas mesmo que a semana tivesse sido lenta e não tivéssemos trabalhado 40 horas. Quando você é jovem, tentando dar certo em seu próprio país, isso é uma coisa maravilhosa.

Comecei no Record Plant em 1974, aos 20 anos. Eu tinha trabalhado em dois outros estúdios antes e aprendido engenharia, mixagem e masterização. Roy me contratou como operador de copiadora de fita. Quatro meses depois, eu estava no estúdio trabalhando em um álbum com Eric Carmen e sua banda, The Raspberries. Foi incrível. E Shelly Yakus, que foi o engenheiro, logo se tornou meu mentor.

Graças a Roy e a sua bondade, pude trabalhar com ele nos álbuns *Toys in the Attic*, do Aerosmith; *Born to Run*, de Bruce Springsteen; *Young Americans*, de David Bowie; *Walls and Bridges*, de John Lennon; *Face the Music*, da Electric Light Orchestra; e [*Rainbow*] *Rising*, de Ritchie Blackmore, ex-guitarrista do Deep Purple.

Um momento que nunca vou esquecer foi quando eu estava na sala de cópia de fitas e Roy me chamou pelo interfone, me pedindo que fosse até seu escritório. Quando cheguei, John Lennon estava sentado conversando com Roy sobre como iniciar um novo projeto que viria a se tornar *Walls and Bridges*. E Roy me pediu para ir ao estúdio num sábado de manhã para gravar as demos para a banda de Lennon. John apareceu em torno de uma da tarde; Klaus Voormann (baixo), Jim Keltner (bateria), Jesse Ed Davis (guitarra) já estavam lá. John cuidaria da guitarra e dos vocais. Gravamos um quarto de fita ao vivo. Os caras da limpeza tiveram muito trabalho, limpando e removendo sementes de maconha, baseados, além de qualquer pó branco que tivesse ficado no console, tudo o que sobrara da sessão anterior, que tinha acabado às seis. O ambiente tinha de ser imaculado.

Roy me deu meu primeiro trabalho de engenharia de som quando eu tinha 22 anos. Ele me escalou como seu assistente em um álbum que viria a se tornar *Monkey Island*, da The J. Geils Band. Roy me pediu para configurar e começar a sessão, pois ele entraria quando a banda estivesse pronta. Fiz o que ele mandou, a banda ficou no jeito para gravar e entrei em seu escritório para avisá-lo que estávamos prontos. Ele entrou, apertei o botão de gravação e, depois de cerca de dois minutos, olhou para mim e disse: "Se precisar de mim, me chame". Então, saiu. Eu não tinha certeza do que estava acontecendo.

Então a banda terminou o primeiro *take* e fui para a sala de controle. Eu era a única pessoa ali. Peguei o interfone e pedi para eles tocarem um pouco mais antes de saírem para ouvir. Depois de três *takes*, a banda entrou na sala de controle e perguntou onde Roy estava. Repeti o que ele disse e perguntei se queriam que eu fosse chamá-lo. Eles responderam que estava "tudo certo, você vai mandar bem". Eu registrei e cuidei da gravação toda, que durou cerca de seis meses. Finalmente, na hora de mixar, Roy me deu um assistente.

Esse era o método de ensino do Roy. Ele jogava você na parte funda da piscina e esperava para ver se você nadava. Que eu saiba, ele fez o mesmo com todos os assistentes que queriam ser engenheiros, incluindo Jimmy Iovine. Eu não seria o mesmo engenheiro se não fosse por Roy e pelo Record Plant. Devo a ele minha sincera gratidão e todo o meu respeito.

13.
O maestro
Jaques Morelenbaum

Jaques Morelenbaum, maestro e braço direito de Tom Jobim, fez questão de dar seu depoimento a este livro.

Eu fazia parte da banda de Tom Jobim e tínhamos começado a gravar o disco *Passarim*, de 1987, na Polygram. Por uma questão operacional, acabei assumindo a posição de produtor, porque Tom estava mais preocupado em tocar e gravar, e não queria produzir nada ele mesmo. Como produzir é uma atividade que me encanta, e sei que levo jeito para isso, me sentei na cadeira do produtor e dividi a tarefa com Paulo Jobim.

No meio desse processo, um grande amigo meu, que tinha sido um companheiro de estudos lá em Boston e agora morava em Nova York, veio ao Brasil para gravar um disco. Ele se chamava Júnior Homrich – depois mudou o nome para Junno, por questão de numerologia. Quem estava com ele, não sei por que, era o Roy Cicala, e nós acabamos nos encontrando. Soube que Roy era um dos donos do Record Plant, estúdio mitológico em que John Lennon e Jimi Hendrix haviam gravado. Então, comentei com Roy que estava gravando o disco do Tom Jobim no Rio de Janeiro. Eu lhe disse: "Olha, Roy, Tom não grava faz muitos anos, desde que o Vinicius de Moraes morreu, há sete anos". Roy me perguntou onde iríamos almoçar, e eu respondi: "Aqui mesmo, na Polygram". Tom tinha um acordo com a Polygram americana e já tinha gastado muito mais do que eles haviam oferecido. Então, Roy disparou: "Escute, eu gostaria de convidar vocês para mixar o disco lá no Record Plant". Expliquei: "Não dá, já gastamos muito". Roy insistiu: "Mas eu faço um preço especial...". E ele de fato fez um preço de irmão, de camarada, para nós, algo irrecusável. Então, Tom e eu fomos para Nova York, contentes da vida. Roy nos deu tudo, sempre amigável. Ele achou que era uma responsabilidade muito grande, então dividiu a mixagem com outro técnico, mas fez tudo de bom por nós e a um preço inacreditável.

Assim começou uma grande amizade. Passamos 11 dias mixando no Record Plant. Ele me mostrou tudo, até o violão gigante, de dois metros e meio de altura, que John Lennon tinha dado de presente para o Record Plant. John mandara fazê-lo para agradecer o grande som que Roy tirava de seu violão. Noutro dia, ele me levou para um canto num dos estúdios de gravação e perguntou: "Está sentindo alguma coisa diferente aí?". Respondi: "Não sei dizer". E ele: "Pois é, esse era o canto predileto de Jimi Hendrix, onde ele gravava".

No meio das mixagens, Roy chegou com a Liza Minnelli, grande cantora da Broadway, e fez questão de levá-la para ver a mixagem de Tom Jobim. Ela era muito fã de Tom e foi muito afetuosa. Tom não participou das mixagens porque era hiperativo e ficava conversando, contando casos engraçados, e eu estava preocupado com o tempo que tínhamos. Não queria abusar muito do Roy, então convenci Tom a ficar em casa e disse que, depois que a mixagem estivesse pronta, eu o chamaria para aprovar. Quem me ajudou foi um baterista chamado Tom Swift. Depois eu acabaria mixando com ele a trilha sonora de *Tieta*, feita por Caetano Veloso.

Durante a mixagem, aconteceu algo curioso, porque a única gravação que eu tinha feito com Tom fora da Polygram havia sido da música "Gabriela", que graváramos no estúdio Transamérica.

Na época, gravávamos em fita. E achávamos que no Record Plant eles tinham uma fita igual para vender. Chegando a Nova York, fomos mixar essa música, que era uma suíte, uma música enorme. Quando colocamos a fita para tocar na máquina, ela rodou dois segundos e parou! Roy foi conferir, e o magneto da fita estava começando a se desprender! A fita era velha, e não tínhamos cópia da música! Era uma loucura: uma fita de duas polegadas durava apenas 15 minutos.

Tinha acabado de chegar ao Record Plant uma máquina digital da Sony, novíssima, que gravava 48 canais – era uma das primeiras do mundo e ainda estava em experiência no estúdio. Fizemos uma operação de guerra, desmagnetizamos a fita e conseguimos copiar "Gabriela" para a máquina digital. Depois, ela foi mixada digitalmente.

No Brasil, quando fizemos o projeto *Roberto Carlos e Caetano Veloso e a Música de Tom Jobim*, encontramos Roy no show, mas ele já estava doente. Nosso último encontro foi uma situação inusitada: uma atitude heroica de Roy. Em 2012, eu estava indo fazer uma temporada na Argentina. Uma semana antes da viagem, comecei a me perguntar se eu precisaria mentir de novo aos argentinos caso questionassem quando eu gravaria meu primeiro disco. No meu currículo, já havia participado de 700 álbuns de outras pessoas, mas não tinha meu álbum solo. Eu sempre adiava meu próprio disco. Tive um estalo e pensei em resgatar a gravação de um show que eu havia feito no Sesc Pompeia, em São Paulo, do qual tinha gostado muito. Resgatei a fita, liguei para Roy e disse: "Tenho a gravação em estéreo, você pode masterizar para mim até depois de amanhã?". De pronto, ele respondeu: "Pode me mandar que eu faço!". Roy fez a masterização em dois dias, e em cinco dias eu tinha meu disco solo, com capa e tudo! Pirateei meu próprio trabalho.

Roy estava bastante doente, foi para o estúdio em uma cadeira de rodas para fazer o trabalho. Sou eternamente grato por seu ato heroico.

Roy Cicala deixa as melhores lembranças possíveis a todos os que conviveram com ele. Quando o conheci, eu não sabia muito bem quem ele era. Roy agradava a todos os estilos, porque amava a música, e isso transparecia nele.

14.
As histórias de John Hanti

Meu amigo John Hanti veio ao Brasil me ver... Estamos em 2013. Fico feliz em saber que em seus estúdios, em Nova York, ocorreram ensaios secretos com gente como David Bowie e U2 (ele guardou isso a sete chaves). Hanti foi um de meus alunos e também meu sócio. Ele tem coisas a contar.

Comecei minha carreira em 1964, depois que os Beatles surgiram, e minha introdução na música foi tocando piano e órgão. Meu querido pai era dono de um clube noturno chamado Bar Haiti, apenas para negros. Só pessoas brancas – meu pai, minha mãe, minha tia e minha avó – faziam a comida na cozinha. Minha família é romena, meu nome vem de lá, é um nome modificado.

Algum tempo depois me tornei sócio da primeira gravadora só de cassetes nos Estados Unidos. Você vai reconhecer essa gravadora quando eu disser os nomes dos artistas que gravaram lá e que remasterizei para CD mais recentemente: Bad Brains, Television, New

York Dolls, Dictators, Nico, Suicide, Johnny Thunders... Estamos falando da Amoeba Music, claro.

Como músico profissional, sou tecladista de órgão Hammond B3 e já gravei 30 ou 35 álbuns, algo assim. A primeira música que lembro de ter gravado profissionalmente foi a faixa "Family", duas vezes. A primeira vez foi na Gateway Recording, em Pittsburgh, em 1966 ou 1967, e o produtor era o tecladista do Tommy James. A segunda vez foi em 1971, no Record Plant, em Nova York. Esse foi meu primeiro encontro com Roy Cicala. Ele estava no andar de cima, com John Lennon e George Harrison, mixando *The Concert for Bangladesh*.

Profissionalmente, comecei a trabalhar com Roy em 1978. Nessa época, eu estava em outro projeto de que Roy tinha escutado falar. Ele nos levou a Nova York e nossa banda assinou com a Polygram – eu era o vocalista. Ficamos oito meses em Nova York para fazer o álbum. Foi a primeira vez que trabalhei com ele.

Quando a gravação terminou, Roy me perguntou se eu gostaria de ficar na cidade trabalhando no estúdio. Ele viu alguma coisa em mim. Mas recusei, porque era um músico idiota naquela época e achava que seria um grande astro de rock. Assim, fiquei com a banda, e voltamos para a Flórida.

Éramos uma banda grande, tocávamos em clubes; então, quando fazíamos um intervalo, o The Kids, banda de meu irmão e do futuro ator Johnny Depp, entrava para manter a plateia entretida. Assim, podíamos beber, falar com as garotas, ser verdadeiros astros do rock, certo?

Depois de algum tempo, nada aconteceu com o álbum, e a banda se separou. Alguns se mudaram para a Califórnia, eu fui para Nova York.

Na verdade, nessa boate na Flórida onde tocávamos, sempre havia muitos astros de rock. Eles vinham porque, naquela época, o sul da Flórida era a meca da gravação. Os Eagles, o AC/DC, o Eric Clapton, todos gravavam lá. Tudo isso estava acontecendo no mundo musical, então eu navegava bem, e acabei produzindo grandes músicos de Miami, sobretudo Miami Sound Machine, com Gloria Estefan.

Mas, como todos sabem, a Flórida mudou com o tempo, se tornou perigosa, com drogas etc. Então, como comentei, eu me mudei para Nova York. Fui trabalhar na empresa de produção de um conhecido meu. Eles me levaram a Nova York para ser cantor, compositor de artistas que coescreviam músicas e para ajudar a produzir álbuns.

Primeiro, eu me envolvi em uma produção da Broadway. Era tudo novo, excitante; até hoje me lembro de ir para o clube pela primeira vez com os dançarinos dos teatros – algo diferente do rock 'n' roll. A Broadway é uma história totalmente diferente.

Comecei minha vida profissional em Nova York entre 1979 e 1980, ano em que John Lennon foi baleado. Eu estava ocupado, fazendo minhas coisas, e nem pensava em Roy, pois tinha minha própria carreira. Em 1989, dez anos depois que me mudei para Nova York, recebi uma ligação perguntando se eu era John Hanti. Respondi que sim. A pessoa disse: "É Roy Cicala". Perguntei o que ele estava fazendo, e ele respondeu que ainda estava no Record Plant e que enfrentava alguns problemas.

Ele queria muito falar comigo, saber se eu estava interessado em transformar minha sala em um local de monitoramento para o Record Plant, assim ele poderia manter o negócio aberto. Perguntei quando ele gostaria de me encontrar. Claro que eu queria vê-lo novamente, depois de tanto tempo. Nessa época, o nome de minha empresa era SST, que ainda hoje é uma das maiores companhias de produção dos Estados Unidos. Temos 15 vans, que alugamos por alguns milhões de dólares para transportar baterias, guitarras, teclados etc. Eu tinha equipamento audiovisual de palco, caminhões de gravação, sistema de som, um prédio com toda a tecnologia musical e mais três estúdios de gravação, um estúdio de masterização e a rádio de faculdade número um em promoção nos Estados Unidos, tudo isso em minha casa. Então fazíamos muitas coisas.

Fui ao encontro dele, e descobri que o Record Plant estava com problemas financeiros. Havia a corrupção dos bancos, estavam roubando coisas, é uma história triste. Roy me pediu para tentar salvar o estúdio, então fiz o que pude e me envolvi. Eu me aproximei das pessoas com quem tínhamos que renegociar e lidei com os bancos, para ter a certeza de que todos fossem pagos e tudo se resolvesse.

Tentei salvar o estúdio como pude. E nos organizamos para tentar manter o Record Plant bem. Comprei os dois pianos de cauda do estúdio, então tenho o piano de John Lennon, que ainda hoje está em meu estúdio. O outro eu vendi. Como eram dois, fiquei com o que pertenceu a John Lennon, que ele usou para fazer seus álbuns solo. Na verdade, não foi só porque era o piano de John, mas porque era um instrumento melhor.

Roy queria deixar o Record Plant para investir num estúdio móvel, tipo um caminhão. Então fizemos um acordo com o sujeito que estava trabalhando em um caminhão remoto. Fiz a intermediação para Roy comprá-lo por 65 mil dólares. Um dia antes da cobrança dos bancos, o sujeito me ligou e disse que não queria mais se envolver em negócios com Roy Cicala – talvez por supor que ele estivesse falido. Se eu quisesse ficar na parceria, tudo bem. Mas, se eu decidisse ficar com Roy, ele desistiria do negócio. E aí... nada feito.

Essa é a história de como Roy e eu nos reunimos de novo, porque aquilo funcionava. Ele ficou comigo, se mudou para Nova Jersey, me ensinou tudo o que sei, mudou minha vida, fez de mim uma pessoa diferente, mudou meu modo de pensar, me deu coragem, me deu informação, me deu habilidades que eu não tinha. Roy é a pessoa mais singular e importante para mim.

Lembro de várias histórias bacanas no trabalho com Roy. Ele era um produtor muito diferente e criativo; fazia coisas como ligar o gravador e não nos avisar. Um dia, estávamos sentados na mesa de controle esperando Roy por três, cinco, oito minutos, pensando onde diabos ele estaria. Então, de repente, um som muito alto entrou na sala de controle, algo insano, como se fosse o fim do mundo. Roy tinha ido para a câmera de eco com uma arma e havia disparado perto do microfone!

Você estava no estúdio, e de repente Roy aparecia com uma ideia maluca e contaminava todo mundo. Era assim que ele deixava você sempre em suspense. Se achasse que você estava tocando muito rápido ou cantando depressa demais, ele mandava você para casa e pedia que recomeçasse no dia seguinte. Ele costumava terminar a sessão por volta de 11 ou 11 e meia da noite e, às três da madrugada, quando sabia que você estava dormindo, ligava e pedia que os caras chegassem ao estúdio em 20 minutos, pois estava com vontade de gravar.

Ele fazia coisas para nos manter num estado de cansaço, para nos deixar mais lentos. Assim, ficávamos fora do normal, ficávamos loucos. Roy era o mestre do psicodrama; primeiro, ele criava a história em sua mente, para ter a reação, então fazia o que fosse necessário. Se ele quisesse um canto com raiva, fazia você cantar com raiva intencionalmente. Igual a um diretor de teatro.

Uma das coisas que Roy me ensinou, ainda que não seja das mais importantes, é que o vocal tem que contar uma história sem o peso de uma imagem visual; portanto, a letra, a distribuição e o canto têm que criar essa imagem na mente dos ouvintes. É o jeito como Roy gostava de gravar uma performance vocal. Dessa forma, a performance precisa ser bem convincente, *você* tem que se sentir convincente ao cantar a música, e, assim, o ouvinte chega a ver o vídeo na própria cabeça, ou seja, aquilo que você está falando. É muito importante fazer o cantor contar a história.

Antes de falarmos sobre a parte criativa de Roy, vou contar o que o ajudou a ser tão criativo.

Poucas pessoas sabem que, antes de se tornar engenheiro de som, Roy era engenheiro, ou seja, não ligava para música, caixas de som, colocar na caixa, tirar da caixa, o que a caixa faz, o que fazer para que aconteça o que deve acontecer nem o que fazer para tornar o resultado melhor do que o esperado. Roy era técnico em saber fazer, era um eletricista. Eu ligava o instrumento, avisava que ia gravar, o som saía, e eu não tenho a menor ideia de como. Já Roy sabia por que o som saía daquele jeito, ele conhecia a engenharia. Portanto, melhor do que qualquer outra pessoa no planeta, ele podia fazer aquelas caixas falarem de maneira diferente, ele conseguia que as caixas fizessem o que ele queria. O resto de nós faz o que a caixa nos manda fazer.

As pessoas usam os gravadores dos computadores, mas ele usava o computador de outra maneira, como um instrumento diferente. Ele era a única pessoa no mundo fazendo o que fazia, ele estava consciente de como as coisas funcionavam, era genial. Com os números e a matemática, a genialidade de sua mente ia longe.

Só posso falar de coisas relacionadas a mim, então vou contar o que aprendi trabalhando com ele por cinco anos, diariamente, no estúdio. Nós nunca nos falávamos, pois Roy ensinava de forma silenciosa, ou seja, ele ensinava fazendo. Só falava em situações específicas.

Roy provavelmente foi um dos melhores professores do mundo para gravação, porque sabia como fazer você não esquecer. Se acreditasse que você não ficaria magoado, ele intencionalmente o deixava cometer erros. Isso tinha tamanho impacto no coração do músico que ele nunca esquecia, nunca fazia aquilo de novo, nunca usava o mesmo procedimento, nunca pegava o atalho. Ele me deixou errar de propósito no álbum *Peace and Noise*, da Patti Smith, que gravamos em 1997; fiquei tão envergonhado que nunca mais cometi aquele erro de novo.

Era assim que ele ensinava. Ele não dizia: "John, lembre-se de desengatar a cabeça de gravação quando estiver movimentando a fita". Ele mostrava uma vez o que devia ser feito. Se estava certo, deixava continuar. Senão, ele se sentava e dizia para alguém ficar olhando, porque certa pessoa ia pegar um atalho e não ia tirar a cabeça de gravação, ia deixar aquilo foder. Ninguém nunca ficava sabendo o que tinha acontecido. "Hanti apenas perdeu sua fita", era assim que ele agia.

Vou contar uma história importante, que já deve ter aparecido antes. Vamos fazer todo o caminho de volta até Bruce Springsteen, em 1975. Acho que Roy estava no estúdio B trabalhando com Bruce, e Jimmy Iovine era o engenheiro assistente. Hoje Jimmy é provavelmente o homem mais importante na indústria fonográfica e, sem dúvida, o mais poderoso. Em determinado momento, Roy se levantou e disse que ia para o andar de cima gravar com John Lennon. Jimmy Iovine enlouqueceu e falou que Roy não podia deixá-lo. Ficou chateado, começou a chorar, enlouqueceu, afirmou que não estava preparado, que não podia fazer aquilo. Roy disse que era melhor Jimmy estar preparado, porque ele simplesmente estava subindo para trabalhar com Lennon. Foi bem parecido com o curso de piloto que fiz, aquela primeira vez quando o instrutor levanta e não avisa quando vai voltar. "De repente, se algo der errado, eu morro." É a mesma sensação.

Ele já tinha pedido permissão para Bruce Springsteen, então foi um truque com Jimmy. Mas, tudo bem, é isso que se faz quando se sente que uma pessoa tem talento: você dá a ela uma chance. Bruce Springsteen permitiu isso, concordou e o incentivou a dar uma chance a Iovine.

Outra coisa que aprendi com Roy foi: sempre estar à frente do artista, preparado para registrá-lo quando ele estiver preparado para representar. Ou seja, o trabalho de um ótimo produtor ou engenheiro é deixar o ambiente o mais pronto possível para gravar; assim, se os músicos entrarem no estúdio e a mágica acontecer, você a captura.

Estar pronto é parte essencial do trabalho, estar pronto para nunca perder nada, ter sempre um dispositivo de gravação correndo. Naqueles tempos, o dispositivo era uma fita cassete. Se aquela grande ideia acontecesse, surgisse dos céus, viesse do espaço e depois desaparecesse, e ninguém conseguisse se lembrar dela,

As histórias de John Hanti **121**

pelo menos a gravadora se lembraria. Acho que essa técnica de Roy foi usada em todo álbum que fizemos juntos. Eu diria que ele provavelmente teve influência direta e criativa em todo álbum que fez na vida, porque só ele sabia fazer aquilo, era assim que ele trabalhava.

Outro fato importante que aprendi, e nunca conheci outra pessoa na indústria fonográfica que fizesse isto, foi: se Roy confiasse no músico, ele assumia o controle e equalizava diretamente o som do fone de ouvido de cada músico. Ele também tirava trechos a fim de deixar um grande buraco e permitir que o artista tocasse o que quisesse.

Roy fazia isso sem mandar o músico tocar guitarra em determinada parte nem nada assim. Era quase como se ele capturasse o espírito com os fones de ouvido. Era apenas questão de escutar, usar os ouvidos, acreditar em si como músico – essa é a marca de um gênio, a habilidade de saber quem faria isso, quem teria talento para fazer isso. Era a maneira como Roy produzia.

Aprendi também – e muita gente vai dizer que sou louco, mas tudo bem – que o produtor é tão bom quanto o engenheiro; inclusive, penso que o engenheiro faz o produtor parecer bom. Roy foi um dos melhores engenheiros de todos os tempos.

Em algum momento da vida, acho que Roy fez negócios com a máfia. Sempre foram duas coisas diferentes: fazer negócios com a máfia e estar *dentro* da máfia. Acho que dava para estar na indústria musical e não lidar com esse elemento, até hoje funciona assim. Você precisa ser muito claro e dizer algo como "estou aqui para trabalhar para você, não com você". Eles entendem se você não quiser.

Tenho uma história que posso relatar e, ainda que eu não cite nomes, é real. Eu estava no estúdio gravando com Roy quando telefonaram e me convidaram para uma reunião em Nova York. Alguém da Flórida tinha visto minha banda e acreditado que ela seria grande, enorme. A pessoa me disse: "John, gostaríamos que você viesse ao nosso escritório, queremos conhecer você; ele ouviu falar de sua banda". Então, descobri que "ele" era um dos maiores mafiosos de Nova Jersey, da grande máfia mesmo, não se tratava de peixe pequeno.

Aí eu fui. Eles chegaram numa limusine, e o chefão saiu do carro usando um terno de corte perfeito e que custava 2 mil dólares. Havia seguranças por todo lado. Era algo que eu nunca tinha visto e de que me lembro como se fosse ontem.

Dois sujeitos grandes saíram do carro, cada um de um lado do chefão, e foram ao escritório tratar de negócios. "Meu cunhado disse que é uma grande banda, que parece boa, com uma aparência realmente *cool*. Gostaríamos muito de nos envolver. Oferecemos 250 mil dólares em dinheiro para você assinar contrato com a banda, 10% vão para nossa agência." Eu conhecia a agente, isso fazia parte do negócio, ela estava administrando o escritório; 10% iriam para a empresa; 5%, para o cunhado, por organizar a transação. Então iam tirar 25% e dariam 250 mil dólares em dinheiro para começar o negócio.

Eu estava pálido, era minha primeira vez naquela situação. Cogitei dizer não, pois já havia assistido a todos os filmes do Poderoso Chefão; eu ainda era jovem, tinha apenas 25 anos na época. Quase desmaiei de tanto medo.

Disseram que eu estava branco como um fantasma, e de fato eu não sabia o que ia acontecer. Depois que ele fez essa oferta, respondi com todo o respeito ao chefe que estávamos no estúdio com Roy Cicala, no Record Plant, e que eu não me sentia confortável em mudar de rumo naquele momento.

Os outros me disseram: "Desculpe, mas qual é seu problema? Eu sei qual é o problema, você quer produzir a banda, não é? E está com medo de perder o controle. É só dizer. Vamos colocar você no estúdio com Sharon Martin, vamos ensinar as manhas. Você vai aprender como fazemos as coisas por aqui. O próximo disco você produz; vamos lhe dar algumas bandas também, temos muitas bandas que precisam de produção, temos estúdios aqui em Nova York e, acredite, vai ser ótimo, você vai fazer todo disco que sempre quis fazer".

Mais uma vez, respondi que nem conseguia explicar quão atrativa aquela proposta soava, mas que eu achava melhor não seguir adiante. Eu mal podia esperar para cair fora dali. Senti muito medo, foi uma das situações mais assustadoras da minha vida.

Ele me ouviu negar e disse que tudo bem, que respeitava minha decisão. Foi até o telefone, fez uma ligação e disse que tínhamos rejeitado o acordo; então, agradeceu. Desejou boa sorte com a banda, virou, saiu seguido dos dois caras enormes e desapareceu. Foi a última vez que o vi ou ouvi falar dele.

Tiveram que me levar para o andar de baixo, me dar dois drinques para fazer o sangue voltar a circular normalmente. Falaram que eu estava fora de mim.

Eu fiquei totalmente louco internamente, demorei um bom tempo para superar essa experiência. Fiquei assustado ao ver aquilo de primeira mão; eu de fato soube da existência do cara, que não era invenção, não era história. Aquelas pessoas viviam e existiam; para elas, os negócios eram muito rápidos, bastava apertar um botão.

Podem olhar para você e dizer: "Quer ser o próximo grande artista? Assine aqui, você será o próximo a vender 1 milhão de cópias". Eles tinham esse tipo de poder, podiam fazer acontecer.

Se Roy tivesse falado sim para os mafiosos, não teria continuado ganhando. Acredito que todos somos donos de nossa fé, criamos nossos destinos na maioria das vezes. Nesse caso, acho que Roy fez seu próprio destino. Eu disse isso a ele muitas vezes. Uma das coisas que ele me ensinou (por seus próprios erros) foi o que nunca fazer com meu negócio.

Também aprendi que, se você não se importa com seu negócio, melhor cair fora, vender, fechar, pois ninguém vai comandá-lo por você.

Acho que Roy falhou nos negócios não apenas porque o mundo da gravação mudou, mas porque estava arrasado pelo fato de o amor de sua vida – Lori Burton, sua primeira esposa, com quem teve filhos – ter começado a traí-lo e tê-lo roubado na cara dura. Todo mundo sabia o que estava acontecendo, que havia um problema.

Acho que Roy era um homem orgulhoso, e aquilo era muito constrangedor para ele, lhe partiu o coração. Mas ele foi responsável. Lembra quando falei que não me casei e não tenho filhos? Roy deveria ter sido como eu, porque não dá para existir uma esposa se você vai passar 18, 20 horas por dia em um estúdio. Isso não lhe permite ser um homem de família. E ele sempre levou uma vida intensa.

Lori era de tirar o fôlego em todos os aspectos. Além de linda, era uma talentosa cantora e uma compositora de sucesso. Trabalhou em gravações que todos conhecem, compôs para Jackson 5 e Young Rascals. Quando a conheci, achei que era uma das mulheres mais lindas, inteligentes e criativas que já vira; eu praticamente me apaixonei por ela. Lori tinha um tipo de magnetismo de tomar conta do ambiente, e pude ver que Roy a amava muito.

Quando cheguei lá, no fim dos anos 1980, o Record Plant estava caindo aos pedaços. Roy e Lori já haviam se divorciado, e ela ficara com todo o dinheiro dos caminhões. A separação aconteceu porque os dois estavam acostumados a um padrão de vida alto, tinham uma mansão enorme em Beverly Hills, com mais ou menos 17 cômodos. Roy tinha um Rolls-Royce, um Lamborghini e a vida com que todos nós sonhamos. Ele também tinha um barco, com o qual ia para as ilhas nos fins de semana. É fácil viver assim quando se é o engenheiro de som de John Lennon no Record Plant, dono do estúdio de mais prestígio nos Estados Unidos, conhecido por fazer os melhores álbuns dos anos 1970.

Comparando, seria como dizer que Roy foi um astro do rock, que ganhou todo aquele dinheiro nos anos 1970 e depois faliu e foi viver em uma fazenda. A fama é fugaz em 90% das vezes. Uma vez no topo, você não gasta como se um dia fosse acabar, você continua reinvestindo no negócio porque talvez consiga fazer com que o dinheiro nunca acabe.

Assim, acho que a dor do divórcio foi a razão pela qual Roy ficou no Brasil; ele estava mais confortável no Brasil do que com a pressão de ser "o" Roy Cicala nos Estados Unidos e ter que lidar com as crianças e com Lori, com quem havia toda uma história.

Acho que o declínio do Record Plant foi o fato de ele ter parado de inovar, ter ficado arrasado, abalado. Então, ele foi para o Brasil, e foi como desmoronar. Nos Estados Unidos, ele era Roy Cicala, engenheiro de John Lennon, e as garotas o perseguiam.

Ele tinha uma boa aparência, era rico, talentoso, estava recebendo atenção e amor dos brasileiros, não voltou mais para casa, e foi como uma droga. E, ao usar uma droga por muito tempo, o que acontece? Ela toma conta das coisas que você tem na vida, essa é a melhor analogia que posso fazer.

Pense nisto: logo que a corrupção dos bancos em relação aos juros acabou, e ele cumpriu seu compromisso comigo, Roy voltou para o Brasil.

Esta é minha visão da história. Achei que estava na hora de contar tudo, pois Roy não falou a verdade sobre muitas coisas. Ele sempre evitou magoar as pessoas.

15.
Gray Russell
e o som de Miles Davis

Miles Davis e eu fizemos muito jazz juntos, e trabalhei com diversos caras desse universo. Era preciso colocar uma nova cabeça naquilo: a minha. No rock, você tenta tocar o mais alto possível, porque quer escutar num volume alto. Com jazz não é assim. Nos álbuns de jazz, deve-se gravar o mais natural possível. É muito diferente fazer um álbum de jazz, comparado aos de rock 'n' roll, porque você não pode cometer nenhum erro.

Miles Davis foi gravado em nosso estúdio C, o mesmo em que Bruce Springsteen gravou com Jimmy Iovine. Tom Swift foi o engenheiro.

Quero deixar registrada minha filosofia nos tempos de Miles. Costumávamos fazer trabalhos para agências de publicidade no Record Plant. Elas amavam e pediam cada vez mais. Todos os estúdios faziam isso, porque as agências pagavam o dobro do rock 'n' roll. Mas, quando elas vinham e falavam que precisavam do estúdio no mesmo momento, eu pedia desculpas, retrucava que precisava me preparar e negava.

Meu amigo Gray Russell se lembra das minhas tentativas de encontrar soluções para Miles Davis:

Era 1976. Eu estudava no Institute of Audio Research e morava em Mount Clair, Nova Jersey. Queria um estágio e consegui o telefone do famoso Record Plant. Liguei, e uma mulher me disse de imediato: "Certo, Roy vai deixar você fazer um teste, mas venha agora mesmo". Expliquei que levaria 45 minutos para chegar de ônibus de onde eu morava. Ela respondeu que Roy queria me encontrar, então, no dia seguinte, algo inacreditável para meus ouvidos.

Roy era assim, um mentor nato, pronto a ajudar todos. No outro dia, fui lá. Roy me lançou um olhar grave e disse: "Vou levar você à sala de mixagem, não fale muito, apenas se sente". Resumindo, ao fim do dia de trabalho, por volta de 11 da noite, Roy anunciou que eu tinha me comportado muito bem e emendou: "Volte amanhã, se eu já não tiver arruinado sua vida hoje..."

No dia seguinte, às nove da manhã, toca meu telefone: "Você está pronto para outro dia de trabalho? Busco você em dez minutos!". Era Roy. Enfiei a cabeça embaixo d'água, não tomei café. Foi inacreditável: o dono do Record Plant vindo me buscar em casa.

Trabalhei uma semana de graça, em troca de hambúrgueres. Comecei limpando consoles e botões e fui aprendendo aos poucos. Basicamente, eu operava os gravadores Ampex de 24 canais e duas polegadas. Roy me deu um conselho logo de início: "Escute, vou colocar você para gravar Patti Smith e Aerosmith. Siga meu conselho: nada de dizer que é fã deles, que os ama e esse tipo de coisa, ok?".

Vi o Roy fazer coisas geniais: ele e Lennon inventaram um lance de mudar o fluxo do sinal do som para além das clássicas duas caixas, um som tridimensional!

Lembro que, no começo de 1983, Teo Macero, famoso produtor de Miles Davis, queria um som de bateria de rock para Miles no álbum *Star People*. O disco tinha dois guitarristas, John Scofield e Mike Stern. Roy sabia que Miles não tinha a estrutura do rock propriamente. Então, deixou mais um gravador de 24 canais no estúdio, com outra fita, para captar mais atmosferas em estéreo. O Record Plant tinha os estúdios A, B, C e a sala de mixagem. O A e o B eram grandes, onde Jimi Hendrix, Lennon e Springsteen gravavam, por exemplo. O estúdio A era metade de madeira e metade de carpete. A madeira dava brilho ao som, e o carpete o deixava mais macio. Miles queria teclados e microfones na parte de madeira. Macero chegou a cogitar ir para a Inglaterra, para os estúdios feitos com madeira de remo de barco. Eu me lembro de Miles andando pelo estúdio com Roy, os dois parecendo loucos, para achar o som que Miles queria. Tocavam das dez da noite às cinco da manhã, sem parar, com Roy distribuindo microfones por todo lugar para tentar captar o clima que Miles queria.

Roy era o Picasso da engenharia de som. Quando os estúdios começaram, nos anos 1950, pareciam hospitais. Quando os Beatles começaram a gravar no Abbey Road, os estúdios eram todos brancos, e os engenheiros usavam aventais brancos.

A arte do som e toda a revolução de como gravar foram criadas por Roy. Os maiores produtores e engenheiros de som do mundo hoje, como Jimmy Iovine e Bob Ezrin, famoso por seu trabalho com Pink Floyd, Lou Reed e Alice Cooper, aprenderam tudo com ele.

16.
Iovine, Ezrin e Gruen: três estrelas criadas por Roy

Três grandes produtores são pauta constante em qualquer discussão sobre música – mais especificamente, sobre música pop nos Estados Unidos: Jimmy Iovine, Bob Ezrin e Bob Gruen. Todos eles começaram a atuar no trabalho que os tornou famosos (e ricos) com a minha ajuda! E sabem contar muitas histórias do período em que atuamos juntos.[2]

Jimmy Iovine

Nascido no Brooklyn, distrito de Nova York, em 1953, Jimmy Iovine começou como estagiário de Roy aos 17 anos, e pouco tempo depois teve a chance de traba-

---

2. Iovine, Ezrin e Gruen falaram a este livro no primeiro semestre de 2016, por ocasião dos dois anos da morte de Roy.

lhar em *Born to Run*, de Bruce Springsteen. Daí para a frente, ele cresceria muito na carreira, chegando a trabalhar com nomes como U2, Bruce Springsteen, Eminem, Lady Gaga, Dire Straits, entre outros. Presidente da Interscope Records, Iovine vendeu seu negócio de fones de ouvido com o rapper Dr. Dre para a Apple, por inacreditáveis 3 bilhões de dólares.

Pouco antes de morrer, em fevereiro de 2014, Roy falou sobre Iovine – considerado, em 2016, o maior produtor do mundo. – C. T.

Bruce Springsteen veio ao Record Plant. O empresário dele era um sujeito da Califórnia. Bruce veio para gravar, cheio de autoconfiança, mas tinha uma banda desafinada.

A CBS, sua gravadora na época, tinha cortado o dinheiro. Simples assim! Mas resolvi bancá-lo e o coloquei em nosso estúdio C. Ele já tinha gravado as faixas de base, e comecei a pagar por aquilo.

Queria a coisa toda por 28 mil dólares. Eu disse a Jimmy, meu assistente na época, que eu estava trabalhando com Lennon em outro andar e não podia gravar com Bruce. Então, subi com Jimmy e montei toda a mesa de som para poder ouvir tudo. Ficou bom, o som vocal soou muito bem. Acreditei no Bruce.

Falei para Jimmy não tocar em nada, só pegar os vocais em que ele entendia todas as palavras... Iovine nunca tinha gravado na vida, ele era uma criança, devia ter uns 20 anos. Foi o começo do sucesso de Jimmy.

Voltei quando Jimmy terminou. Mandamos a fita para a CBS, recebemos o cheque na mesma semana, era a quantia que eu tinha investido. Quando acredito em algo, aposto financeiramente – fiz aquilo não só com Bruce, mas com muitos outros artistas.

Bruce é demais, gostávamos da banda toda: eles eram viciados em trabalho, nós também, então ajudamos o quanto pudemos.

Como ele reagiu depois da gravação? Na verdade, Bruce é tímido, mas ficou muito grato a nós, para sempre. Ajudá-lo e investir meu dinheiro naquilo foi excelente, porque fomos nós que gravamos. Todo mundo sabia que o disco tinha sido gravado no Record Plant, todo mundo sabia que eu sempre ajudava os músicos, fosse Lennon ou outro. Se tínhamos condições, nós ajudávamos, se tivéssemos tempo também, porque em alguns casos tínhamos poucos meses para trabalhar. Meu método de ajudar era gostar da pessoa e da música feita por ela.

Springsteen era um cara que reunia as músicas e cantava sobre os americanos, e acho que foi isso que realmente fez seu sucesso. Muitos artistas vieram de Nova Jersey e fizeram sucesso, não sei por quê. Artistas como Four Seasons, Frankie Valli, Young Rascals – o pessoal de Nova Jersey sabe tocar o coração do americano como ninguém: as pessoas lá sempre amaram escutar histórias sobre o próprio país.

Como me orgulho disto: Jimmy Iovine, que é dono da Interscope Records, é hoje o maior produtor dos Estados Unidos, fez dois discos do U2, Dire Straits, Lady Gaga... e começou nessa área porque eu estava ocupado! Que orgulho desse meu pupilo!

Roy foi um dos melhores professores que tive na vida. Ele me deu confiança ao me deixar ser engenheiro, e eu aprendi a forma como ele ouvia as coisas, vivenciei sua criatividade. Ele era um verdadeiro artista, talvez apenas à altura de Eddie Kramer, engenheiro de Jimi Hendrix e Led Zeppelin.

Roy era um caçador de talentos e podia ser muito duro e difícil, às vezes. Aprendi bastante, foi como uma faculdade para mim.

Ser italiano ajudou. Ele se identificou comigo, me manteve por perto na extraordinária viagem com John Lennon para a Califórnia e me deu crédito de mixagem pela música "Sweet Little Sixteen" do álbum *Rock 'n' Roll*. Foi a primeira mixagem que fiz sozinho. Antes, eu só preparava as coisas para Roy mixar. Mas então John Lennon chegou e falou: "Ah, eu gosto dela como está". Roy ficou orgulhoso disso e me deu crédito. Ele me ensinou a trabalhar com artistas e me mostrou como devia me comportar perto deles.

Roy gostava de efeitos especiais, de efeitos novos, como os incríveis ecos e tudo o mais que usava na voz de John Lennon e que acabaram virando a voz dele na carreira solo. Quando produzi "Because the Night", com Patti Smith, fui totalmente influenciado por isso, pelo som que Roy criava.

Eu me lembro de uma grande sessão com Phil Spector e John Lennon, no Record Plant, 38 músicos ao vivo e só nós dois de engenheiros. Fizemos muitas sessões como essa juntos, por exemplo com o Three Dog Night. E Roy sempre estava em hotéis chiques e me levava junto. Eu não me importava, claro *(risos)*.

Bob Ezrin

Nascido em Toronto, no Canadá, Bob Ezrin produziu Alice Cooper, Peter Gabriel, Kiss, Lou Reed, Pink Floyd (no antológico álbum *The Wall*), entre outros artistas. Alice Cooper o chama de "o George Martin dos Estados Unidos". Por sua resiliência e sua capacidade de trabalhar com tantos artistas diferentes, é considerado o mais completo produtor do planeta. Ele contou como Roy o introduziu ao meio. – C. T.

Não tenho histórias sujas sobre Roy, mas tenho histórias loucas de coisas que fizemos e que o afetaram, de um jeito ou de outro.

Uma delas é particularmente boa: estávamos no estúdio A gravando um disco do Alice Cooper, acho. No estúdio B, estava o Grand Funk Railroad, produzido por Jimmy Ienner. Éramos rivais de uma maneira bastante amigável, éramos dois "fodões" da época. Ambos produzíamos bastante coisa de rock 'n' roll. Ele é mais velho, já estava um pouco mais estabelecido.

Sempre pregávamos peças um no outro e, um dia, eu e minha equipe decidimos declarar guerra ao estúdio B. Então saímos para comprar toucas de banho, luvas, óculos de proteção e 12 tortas de creme. Guardamos aos poucos todos os extintores do prédio, porque no Record Plant os extintores eram sempre usados como arma. Vasculhamos o prédio inteiro para localizar os disjuntores e as chaves gerais, para podermos desligar e religar a energia quando quiséssemos. Organizamos a agenda e, às duas da madrugada daquele dia, ficamos só de cueca, botamos as toucas, os óculos e as luvas e levamos as tortas para fora do estúdio B. Pegamos todos os extintores de incêndio e começamos a guerra. Desligamos a energia do estúdio B. As portas eram muito bem-feitas naquele estúdio, ele era realmente à prova de som, mas, mesmo assim, dava para ouvir atrás da porta. Ouvimos as pessoas dizendo "o que está acontecendo?", "não sei". Não existia luz de emergência na saída daquele estúdio. (Isso foi antes de todas as leis e regulações impostas.) Quando acabava a luz, todo mundo ficava no escuro completo e num lugar à prova de som. Mas de alguma maneira eles acharam a saída, abriram a porta do estúdio, pisaram direto nas tortas e escorregaram no corredor que ficava entre os estúdios B e A. Acendemos as luzes de repente e jogamos todo o pó dos extintores neles. As pessoas voltaram para dentro, e dava para ouvir que estavam tramando alguma coisa. Então colocaram cadeiras atrás da porta para nos impedir de entrar, usaram outra saída do estúdio e nos atacaram por trás.

A coisa toda durou mais ou menos umas duas horas. Quando acabou, as tortas estavam espalhadas pelo estúdio inteiro, todos os extintores estavam vazios, os cinzeiros, virados, os copos, espalhados, as xícaras de café... O lugar estava um caos. Às sete da manhã, o pessoal da limpeza chegou, deu uma olhada e foi direto para o escritório ligar para Roy, que sabia exatamente quem era o responsável. Ele me ligou e perguntou: "O que você fez?". Expliquei: "Eu pago, pago tudo, mas eu tive que fazer aquilo, foi pelo bem do rock 'n' roll".

Roy uma vez me contou que, sempre que limpava sua mesa, achava todos os tipos de drogas lá. É verdade, mas era o tempo do "sexo, drogas e rock 'n' roll", e o Record Plant era o epítome disso. Era o coração disso em Manhattan, o estúdio mais legal da cidade, talvez o mais legal do mundo. Ficava numa região perigosa de Nova York e, quando foi aberto lá, o apelido da área era "Hell's Kitchen", que quer dizer "cozinha do inferno", porque ficava incrivelmente quente no verão e também porque havia todo tipo de prostituição, tráfico de drogas e coisas ilegais. Ficava no extremo oeste da cidade, perto do rio, aonde chegavam os barcos com as drogas e tudo o mais, então era um ponto de distribuição intenso. Quando você saía do Record Plant, acabava tropeçando em gente morta na calçada e tinha que desviar das putas, que já nos conheciam porque sabiam dos nossos horários.

Trabalhávamos do começo da noite até bem tarde, quase sempre até amanhecer. Mas, se você dá a um adolescente a oportunidade de não acordar cedo e farrear a noite inteira, quem iria negar? Eu tinha, sei lá, 23 anos... Como não ia topar algo assim? Então, a atmosfera no Record Plant era muito pueril, juvenil, de molecagem mesmo. Sempre tinha alguma coisa acontecendo ali.

Se você vir imagens de estúdios da Inglaterra ou da Alemanha naquela época, antes de Roy, os técnicos se vestiam como se estivessem num laboratório, e era um ambiente totalmente rarefeito e técnico. Tudo era muito tradicional, muito formal, e os sindicatos também eram fortes naquela época, porque os estúdios quase sempre pertenciam a uma grande emissora de rádio ou uma grande gravadora. Os estúdios independentes não tinham surgido. Começou com o som da Califórnia no fim dos anos 1960 e se espalhou pelo norte. Pode-se argumentar que o Atlantic Studios deu uma grande contribuição a esse processo, porque o escritório era transformado em estúdio à noite. Eles afastavam as mesas e faziam as sessões de gravação, aqueles discos fantásticos do Ray Charles e tudo o mais. Mas, para mim, o Record Plant era o lugar mais *cool* de Nova York para fazer um disco. Existia o Hit Factory, do Jerry Ragovoy, que era como uma extensão do Tin Pan Alley, todo voltado à composição e a compor *hits*, então era muito influenciado por isso. As pessoas ficavam em pequenos cubículos tocando piano das nove da manhã às sete da noite e, quando tinham um sucesso nas mãos, saíam correndo pelos corredores, desciam as escadas e gravavam uma demo em 20 minutos. Isso virava a base de uma música como "My Boyfriend's Back", que chegou ao topo da parada, ou "Under the Boardwalk". Essa é a cena que Jerry Ragovoy criou com Don Kirshner, tudo muito tradicional. Mas havia o Record Plant, que tinha muito mais a ver com o rock 'n' roll e com o movimento da contracultura.

Jimmy Iovine era o operador de fita em meus trabalhos. Roy e eu tínhamos um ótimo relacionamento. Eu ganhei a fama de ser um dos produtores mais difíceis, porque nunca estava satisfeito, nunca descansava, nunca dormia e era bem exigente. Eu queria que as coisas acontecessem rápido. Então, quando testavam um assistente novo, o jogavam para mim. Se me aguentasse, ele estava aprovado *(risos)*.

Roy de fato abriu meus olhos para uma questão técnica, para todo um universo sonoro que eu não conhecia. Até então, minha produção era baseada na realidade do que tinha sido tocado pela banda. Eu estava fazendo orquestração, usando instrumentos, mas não usava o estúdio como um instrumento. Eu ainda fazia coisas básicas, como botar uma bateria num grande galpão para soar maior, mas não aproveitava a tecnologia nem as possibilidades digitais para transformar o estúdio em um instrumento. Quando cheguei ao Record Plant e comecei a trabalhar com Roy, passei a observar tudo que ele fazia, e ele me mostrou um monte de tecnologia, de aparelhos que eu não conhecia. Ele os usava de maneira diferente, não com a intenção inicial de quem os construiu. Outros eram modificados ou até construídos no próprio Record Plant, seguindo conceitos e demandas que Roy inventava.

Tenho alguns desses equipamentos hoje, compressores CBS que Roy modificava. Uma vez ele mandou consertar um, mas não ficou bom. Roy se enfureceu e, como era muito forte, pegou esse negócio, levantou sobre a cabeça, atirou contra a porta e disse: "Agora vão consertar direito". Roy com certeza tinha problemas de controle de agressividade e era um pouco louco.

A melhor coisa foi poder ter feito de novo, com ele, "Something to Remember Me By", do Alice Cooper, do disco *Welcome 2 My Nightmare*, de 2012. Nesse disco, Alice Cooper e eu resolvemos chamar os companheiros de antigamente, do auge. Então, Roy foi chamado e fez uma mixagem em São Paulo. Roy não era de falar as coisas, não era muito emotivo.

Foi um trabalho a distância, um mandando arquivo para o outro. Adorei trabalhar com ele de novo, mesmo que não tenha sido como eu queria, porque eu gostaria de ter ido para o Brasil. Foi como usar uma língua nativa de novo, porque as descrições do que eu pedia para ele na mixagem, o que ele respondia, as discussões musicais... não tenho mais com ninguém hoje. [*Nesse momento, Bob Ezrin se emociona.*] Nós vivíamos música, víamos música, enxergávamos música. As descrições dos efeitos, de como manipular os sons que Roy dava, eram sempre baseadas num conceito visual. Era a oportunidade de conversar com outra pessoa que também via a música, um privilégio. A maioria das pessoas hoje vê as formas de onda no computador. Não a música em si, mas a tecnologia; o equipamento usado.

Roy costumava tampar os VUs (os medidores de sinal). Ele passava fita crepe ou colocava um papel na frente dos VUs para só ouvirmos se o som estava bom ou não, não para conferirmos se estava ou não no vermelho. Naquele tempo, Roy forçava os limites com os equipamentos para modificar o som. Ele ia bem além do limite, de maneira que pudessem fazer algo especial, diferente, imprevisto. Eu também forcei os limites em termos de combinações musicais, arranjos.

Roy tinha o hábito de chegar e dizer, por volta de seis e meia, sete ou até oito da noite, que ia ao banheiro. E não voltava mais. Com isso, de repente, eu estava sentado diante da mesa sozinho. Não tinha engenheiro, era apenas eu. Sim, havia um assistente na sessão, mas eu era muito mais qualificado que ele. Claro que eu não estava tão preparado quanto Roy, então ele saía e deixava um *setup* montado para o que a gente estava fazendo e ia embora, sem avisar. É como se você fosse o passageiro de um navio, estivesse conversando com o capitão, e de repente ele dissesse "vou ao banheiro", não voltasse, e você tivesse que pegar no timão. Lá está você, com o timão, num mar revolto, e tudo o que pode falar é: "Ai, que merda! Não sei o que estou fazendo!". Eu tinha que fazer, não dava para as pessoas à minha volta perceberem que eu não sabia o que estava fazendo, e assim fui aprendendo.

Nessas noites em que o Roy me deixava, que foram quase todas, eu vivenciei meu laboratório. Foi ali que fiz experimentos e testei coisas para ver o que acontecia. Essa experiência não tem preço para mim. Antes disso, eu trabalhava em estúdios sindicalizados, como o RCA, com pessoas maravilhosas, mas eu raramente tinha a chance de encostar na mesa de som. E esses outros estúdios também não tinham o tipo de equipamento do Record Plant; Roy foi o primeiro maníaco por equipamento, o primeiro a almejar todas as últimas novidades que saíam e que ninguém tinha. Havia um departamento de manutenção fantástico dentro do estúdio e um cara que desenhava equipamentos.

Outra coisa incrível, que tem muito a ver com o modo como criávamos lá, era que o Record Plant era completamente protegido. Nós sabíamos que, ao entrar e fechar a porta, estávamos seguros, inclusive para ser qualquer coisa que quiséssemos, para ser bobos, usar substâncias ilegais e, acima de tudo, fazer testes, criar e ir mais além no campo da arte do que já tínhamos ido. Isso era fantástico. Esse ambiente do Record Plant não se equiparava a praticamente nenhum outro daquela época.

Sei que havia outros estúdios assim em Los Angeles naqueles tempos, que eram um esconderijo secreto onde se podia fazer o que quisesse, mas eu ainda não os conhecia. Eu tinha acabado de chegar a Nova York; havia trabalhado em Chicago, um pouco em L.A., no estúdio RCA, e em outros dois ou três lugares.

Ao mesmo tempo, sabíamos que o Record Plant era um trabalho, não só festa. Tínhamos que entregar tudo no prazo, tudo aquilo tinha um custo, era preciso fazer alguma coisa que vendesse discos e ingressos para shows, apresentar alguma coisa boa. Claro, todo mundo amava o dinheiro, as garotas, a atenção, mas estávamos trabalhando. Ainda que não houvesse limites, nada estava fora do limite. Isso acho que só aconteceu em Nova York e em L.A. Nova York continuou sendo um desses lugares com esse jeito meio fora da lei de produzir discos.

Bob Gruen

Nascido em Nova York, em 1945, Bob Gruen ficou famoso como o fotógrafo pessoal de John Lennon, a quem foi apresentado por Roy Cicala. Gruen é considerado o maior fotógrafo de rock de todos os tempos. São dele as fotos mais antológicas de Led Zeppelin, Eric Clapton, David Bowie, Elton John e Sex Pistols, entre outros. A seguir, você encontra suas memórias sobre Roy. – C. T.

Roy era, acima de tudo, um cara humilde – as coisas não eram sobre ele, ele não era a principal atração. Quando o conheci, eu estava vivendo com uma banda de rock prestes a acabar. Eu ia fotografar o último show, em uma festa. O nome da banda era Glitter House. Bob Crewe, produtor do Four Seasons (que deu origem ao filme de Clint Eastwood *Jersey Boys: em busca da música*), gostou do Glitter House e quis gravar a banda. E Roy estava aprendendo com ele no estúdio. Dois anos depois, já no Record Plant, encontrei Roy gravando John Lennon numa manhã.

Lembro que Roy deixava Jimmy Iovine, que operava a fita, gravar os amigos dele do Brooklyn de graça à noite no estúdio. Era um jeito de Jimmy aprender a gravar melhor. Mas isso deixava as pessoas muito nervosas, porque os caras eram fora da lei. No fim das contas, essa cena negra acabou se tornando a cena do rap, e foi Jimmy que começou com isso, com o incentivo de Roy.

Fiz fotos incríveis no Record Plant. Roy me deu a chance de entrar nas sessões, percebeu que eu não incomodava, que me dava bem com os músicos e ficava quieto, então ele realmente me autorizou a ficar no estúdio, e lá muito de minha carreira aconteceu. Por exemplo, aquela foto de John Lennon com a camisa de Nova York foi tirada no topo do Record Plant, durante uma sessão. E fotografei tantas outras coisas lá – como John Lennon com Mick Jagger em sessões no estúdio, a banda toda... Eu convivi muito com eles, então essa abertura foi muito legal para mim. Cheguei a ficar bem amigo de Lennon por conta disso. Eu tinha um Fusca todo ferrado e me lembro dele dispensando uma limusine porque preferia andar em meu carrinho, em que o vidro nem subia direito!

FIM

Eu estava em lua de mel, na Ilha de Páscoa, em julho de 2011. Por e-mail, avisei Roy que haveria um show do Lobão na rua Augusta. Roy foi, com dores atrozes na perna. No meio da apresentação, ele bateu a perna numa pilastra, e o osso se quebrou. Foi o começo do fim.

No mesmo ano, em agosto, Roy disse para Apollo e para mim que ia engordar muito: ele estava tomando hormônio feminino para as dores na próstata. E as pinçadas, agudas e generalizadas, não encontravam remissão em nenhum medicamento...

Em dezembro, pedi socorro ao jornalista Fernando Zamith, assessor do Hospital das Clínicas em São Paulo. Zamith me indicou o dr. Salim Elito como o "cara certo" para cuidar de Roy. O diagnóstico: câncer de próstata inoperável (como o de Timothy Leary, também grande amigo de Lennon...). Os exames indicaram que o câncer, avassalador, chegara ao estômago e agredira o fêmur de Roy, que passou a andar de bengala.

Ele foi operado no hospital Nove de Julho no fim de agosto de 2012. Os médicos lhe deram um ano de vida.

Na metade de 2013, Roy teve tempo de encontrar seu velho amigo Alice Cooper em São Paulo. Recebeu também a visita de Bob Gruen, hoje considerado o maior fotógrafo de rock do mundo.

Por essa época, Roy estava, com Apollo 9, trabalhando em segredo no novo álbum do Aerosmith.

Em 21 de janeiro de 2014, Apollo 9 e Hanna Cicala, filha brasileira de Roy, me telefonaram durante minhas férias na Bahia. Hanna disparou: "Venha vê-lo que logo ele se vai". No mesmo dia, Apollo o visitou na unidade semi-intensiva do hospital. "Acho que vou morrer, quero um sorvete…", Roy declarou de repente.

Na última vez que estive na presença de Roy, ouvi dele, todo pimpão: "Yoko Ono me ligou oferecendo seu apartamento no edifício Dakota, em Nova York, onde morou com Lennon, para eu me recuperar ali… E disse que cuidaria de mim!". Era verdade.

No dia 22 de janeiro de 2014, Roy partiu.

— Claudio Tognolli